海上絲綢之路基本文獻叢書

東夷圖像説兩種

〔明〕蔡汝賢 撰

文物出版社

圖書在版編目（CIP）數據

東夷圖像説兩種 /（明）蔡汝賢撰. -- 北京 : 文物出版社, 2022.7
（海上絲綢之路基本文獻叢書）
ISBN 978-7-5010-7592-8

Ⅰ. ①東… Ⅱ. ①蔡… Ⅲ. ①夷—民族歷史—史料 Ⅳ. ①K289

中國版本圖書館 CIP 數據核字（2022）第 089200 號

海上絲綢之路基本文獻叢書
東夷圖像説兩種

撰　　者：〔明〕蔡汝賢
策　　劃：盛世博閱（北京）文化有限責任公司

封面設計：鞏榮彪
責任編輯：劉永海
責任印製：張道奇

出版發行：文物出版社
社　　址：北京市東城區東直門内北小街 2 號樓
郵　　編：100007
網　　址：http://www.wenwu.com
經　　銷：新華書店
印　　刷：北京旺都印務有限公司
開　　本：787mm×1092mm　1/16
印　　張：16.875
版　　次：2022 年 7 月第 1 版
印　　次：2022 年 7 月第 1 次印刷
書　　號：ISBN 978-7-5010-7592-8
定　　價：98.00 圓

總緒

海上絲綢之路，一般意義上是指從秦漢至鴉片戰争前中國與世界進行政治、經濟、文化交流的海上通道，主要分爲經由黄海、東海的海路最終抵達日本列島及朝鮮半島的東海航綫和以徐聞、合浦、廣州、泉州爲起點通往東南亞及印度洋地區的南海航綫。

在中國古代文獻中，最早、最詳細記載『海上絲綢之路』航綫的是東漢班固的《漢書·地理志》，詳細記載了西漢黄門譯長率領應募者入海『齎黄金雜繒而往』之事，書中所出現的地理記載與東南亞地區相關，并與實際的地理狀况基本相符。

東漢後，中國進入魏晋南北朝長達三百多年的分裂割據時期，絲路上的交往也走向低谷。這一時期的絲路交往，以法顯的西行最爲著名。法顯作爲從陸路西行到印度，再由海路回國的第一人，根據親身經歷所寫的《佛國記》（又稱《法顯傳》）一書，詳細介紹了古代中亞和印度、巴基斯坦、斯里蘭卡等地的歷史及風土人情，是瞭解和研究海陸絲綢之路的珍貴歷史資料。

隨着隋唐的統一，中國經濟重心的南移，中國與西方交通以海路爲主，海上絲綢之路進入大發展時期。廣州成爲唐朝最大的海外貿易中心，朝廷設立市舶司，專門管理海外貿易。唐代著名的地理學家賈耽（七三〇～八〇五年）的《皇華四達記》記載了從廣州通往阿拉伯地區的海上交通『廣州通夷道』，詳述了從廣州港出發，經越南、馬來半島、蘇門答臘半島至印度、錫蘭，直至波斯灣沿岸各國的航綫及沿途地區的方位、名稱、島礁、山川、民俗等。譯經大師義净西行求法，將沿途見聞寫成著作《大唐西域求法高僧傳》，詳細記載了海上絲綢之路的發展變化，是我們瞭解絲綢之路不可多得的第一手資料。

宋代的造船技術和航海技術顯著提高，指南針廣泛應用於航海，中國商船的遠航能力大大提升。北宋徐兢的《宣和奉使高麗圖經》詳細記述了船舶製造、海洋地理和往來航綫，是研究宋代海外交通史、中朝友好關係史、中朝經濟文化交流史的重要文獻。南宋趙汝適《諸蕃志》記載，南海有五十三個國家和地區與南宋通商貿易，形成了通往日本、高麗、東南亞、印度、波斯、阿拉伯等地的『海上絲綢之路』。宋代爲了加强商貿往來，於北宋神宗元豐三年（一〇八〇年）頒佈了中國歷史上第一部海洋貿易管理條例《廣州市舶條法》，并稱爲宋代貿易管理的制度範本。

元朝在經濟上採用重商主義政策，鼓勵海外貿易，中國與歐洲的聯繫與交往非常頻繁，其中馬可·波羅、伊本·白圖泰等歐洲旅行家來到中國，留下了大量的旅行記，記録元代海上絲綢之路的盛况。元代的汪大淵兩次出海，撰寫出《島夷志略》一書，記録了二百多個國名和地名，其中不少首次見於中國著録，涉及的地理範圍東至菲律賓群島，西至非洲。這些都反映了元朝時中西經濟文化交流的豐富内容。

明、清政府先後多次實施海禁政策，海上絲綢之路的貿易逐漸衰落。但是從明永樂三年至明宣德八年的二十八年裏，鄭和率船隊七下西洋，先後到達的國家多達三十多個，在進行經貿交流的同時，也極大地促進了中外文化的交流，這些都詳見於《西洋蕃國志》《星槎勝覽》《瀛涯勝覽》等典籍中。

關於海上絲綢之路的文獻記述，除上述官員、學者、求法或傳教高僧以及旅行者的著作外，自《漢書》之後，歷代正史大都列有《地理志》《四夷傳》《西域傳》《外國傳》《蠻夷傳》《屬國傳》等篇章，加上唐宋以來衆多的典制類文獻、地方史志文獻，集中反映了歷代王朝對於周邊部族、政權以及西方世界的認識，都是關於海上絲綢之路的原始史料性文獻。

海上絲綢之路概念的形成，經歷了一個演變的過程。十九世紀七十年代德國地理學家費迪南・馮・李希霍芬（Ferdinad Von Richthofen，一八三三～一九〇五），在其《中國：親身旅行和研究成果》第三卷中首次把輸出中國絲綢的東西陸路稱爲『絲綢之路』。有『歐洲漢學泰斗』之稱的法國漢學家沙畹（Édouard Chavannes，一八六五～一九一八），在其一九〇三年著作的《西突厥史料》中提出『絲路有海陸兩道』，蘊涵了海上絲綢之路最初提法。迄今發現最早正式提出『海上絲綢之路』一詞的是日本考古學家三杉隆敏，他在一九六七年出版《中國瓷器之旅：探索海上的絲綢之路》中首次使用『海上絲綢之路』一詞；一九七九年三杉隆敏又出版了《海上絲綢之路》一書，其立意和出發點局限在東西方之間的陶瓷貿易與交流史。

二十世紀八十年代以來，在海外交通史研究中，『海上絲綢之路』一詞逐漸成爲中外學術界廣泛接受的概念。根據姚楠等人研究，饒宗頤先生是華人中最早提出『海上絲綢之路』的人，他的《海道之絲路與昆侖舶》正式提出『海上絲路』的稱謂。選堂先生評價海上絲綢之路是外交、貿易和文化交流作用的通道。此後，大陸學者馮蔚然在一九七八年編寫的《航運史話》中，使用『海上絲綢之路』一詞，這是迄今學界查到的中國大陸最早使用『海上絲綢之路』的人，更多地限於航海活動領域的考察。一九八〇年北京大學陳炎教授提出『海上絲綢之路』研究，并於一九八一年發表《略論海上絲綢之路》一文。他對海上絲綢之路的理解超越以往，且帶有濃厚的愛國主義思想。陳炎教授之後，從事研究海上絲綢之路的學者越來越多，尤其沿海港口城市向聯合國申請海上絲綢之路非物質文化遺産活動，將海上絲綢之路研究推向新高潮。另外，國家把建設『絲綢之路經濟帶』和『二十一世紀海上絲綢之路』作爲對外發展方針，將這一學術課題提升爲國家願景的高度，使海上絲綢之路形成超越學術進入政經層面的熱潮。

與海上絲綢之路學的萬千氣象相對應，海上絲綢之路文獻的整理工作仍顯滯後，遠遠跟不上突飛猛進的研究進展。二〇一八年厦門大學、中山大學等單位聯合發起『海上絲綢之路文獻集成』專案，尚在醖釀當中。我們不揣淺陋，深入調查，廣泛搜集，將有關海上絲綢之路的原始史料文獻和研究文獻，分爲風俗物産、雜史筆記、海防海事、典章檔案等六個類別，彙編成《海上絲綢之路歷史文化叢書》，於二〇二〇年影印出版。此輯面市以來，深受各大圖書館及相關研究者好評。爲讓更多的讀者親近古籍文獻，我們遴選出前編中的菁華，彙編成《海上絲綢之路基本文獻叢書》，以單行本影印出版，以饗讀者，以期爲讀者展現出一幅幅中外經濟文化交流的精美畫卷，爲海上絲綢之路的研究提供歷史借鑒，爲『二十一世紀海上絲綢之路』倡議構想的實踐做好歷史的詮釋和注脚，從而達到『以史爲鑒』『古爲今用』的目的。

凡例

一、本編注重史料的珍稀性，從《海上絲綢之路歷史文化叢書》中遴選出菁華，擬出版百册單行本。

二、本編所選之文獻，其編纂的年代下限至一九四九年。

三、本編排序無嚴格定式，所選之文獻篇幅以二百餘頁爲宜，以便讀者閱讀使用。

四、本編所選文獻，每種前皆注明版本、著者。

五、本編文獻皆爲影印，原始文本掃描之後經過修復處理，仍存原式，少數文獻由於原始底本欠佳，略有模糊之處，不影響閲讀使用。

六、本編原始底本非一時一地之出版物，原書裝幀、開本多有不同，本書彙編之後，統一爲十六開右翻本。

目録

東夷圖總説

東夷圖總説

〔明〕蔡汝賢 撰

明萬曆刻本

東夷圖總說

盖聞明王愼德四夷咸賓予之圖說獨詳於東南夷何也貢由粤入職所掌也朝鮮非由粤也何首乎密邇京邑有禮義之遺風亦海國也琉球何以次朝鮮也地不當中國一大郡而奉職惟謹夷而中國則進之也安南嘗郡縣矣反不逮於朝 球何竝向化不終仍入於

夷則夷之也占城西洋真臘暹羅滿剌加蘇門答剌三佛齊回回錫蘭山皆大國也國于夷莫能相尚列而存之昭無外也浡泥彭亨百花呂宋小夷也序于爪哇佛朗機日本之上蓋嘗事我中國有獻琛之誠焉天竺咭呤井坡寨順嗒不通貢而通市安知無慕華之思原之斷錄之也爪哇戕我天使佛朗機獵我

華人夷而狁矣退之示創也日本横於海上其心叵測沿邊二十六郡憂殷哉黒鬼微乎微矣亦得附於諸夷之後均覆載也或曰是則然矣東南夷諛此乎曰未也雖見於杜氏通典集事淵海星槎勝覽羸虫錄吾學編諸書蕃乎夥矣存而弗論可也所圖狀貌習尚審乎曰千里殊風百里異俗中國且然矧夷乎

彼此互見論而弗⿱罒㐱可也然則所圖之意何居夷之盛衰中國安危之繫也唐有王會圖宋有四夷述職圖大中祥符間史館張復上言乞纂朝貢諸國錄付史官蓋自古記之矣粵有香山濠鏡澳向為諸夷貿易之所來則寮去則卸無虞也嘉靖間海道利其餉自浪白外洋議移入內歷年來漸成雄窟列廛市販

不下十餘國夷人出沒無常莫可究詰閩粵無籍又竄入其中纍然爲人一大贅疣也昔伊川被髮以祭識者憂之五胡内訌江郭交章欲徙況遲速大小之說又可鏡誡有經世之責者試思之國九二十有四貌之者二十間有與圖說左者在中國則服然識所見也餘闕焉嶺海多奇聞因輯古今所睹記者二卷

萬曆丙戌孟冬日東海蔡汝賢書

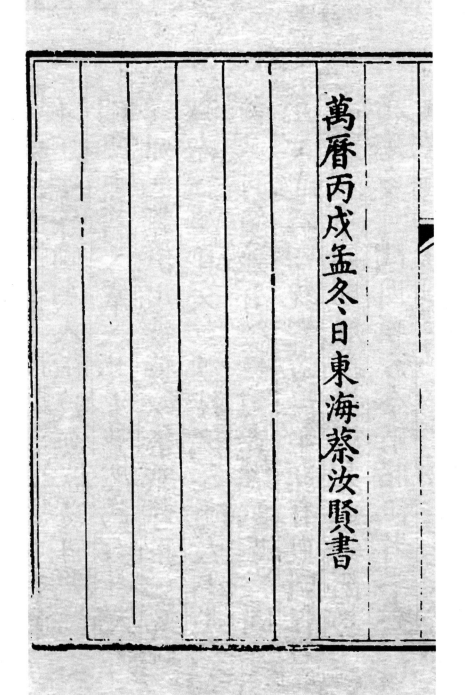

琉球

安南
扇

占城

西洋

真臘

暹羅

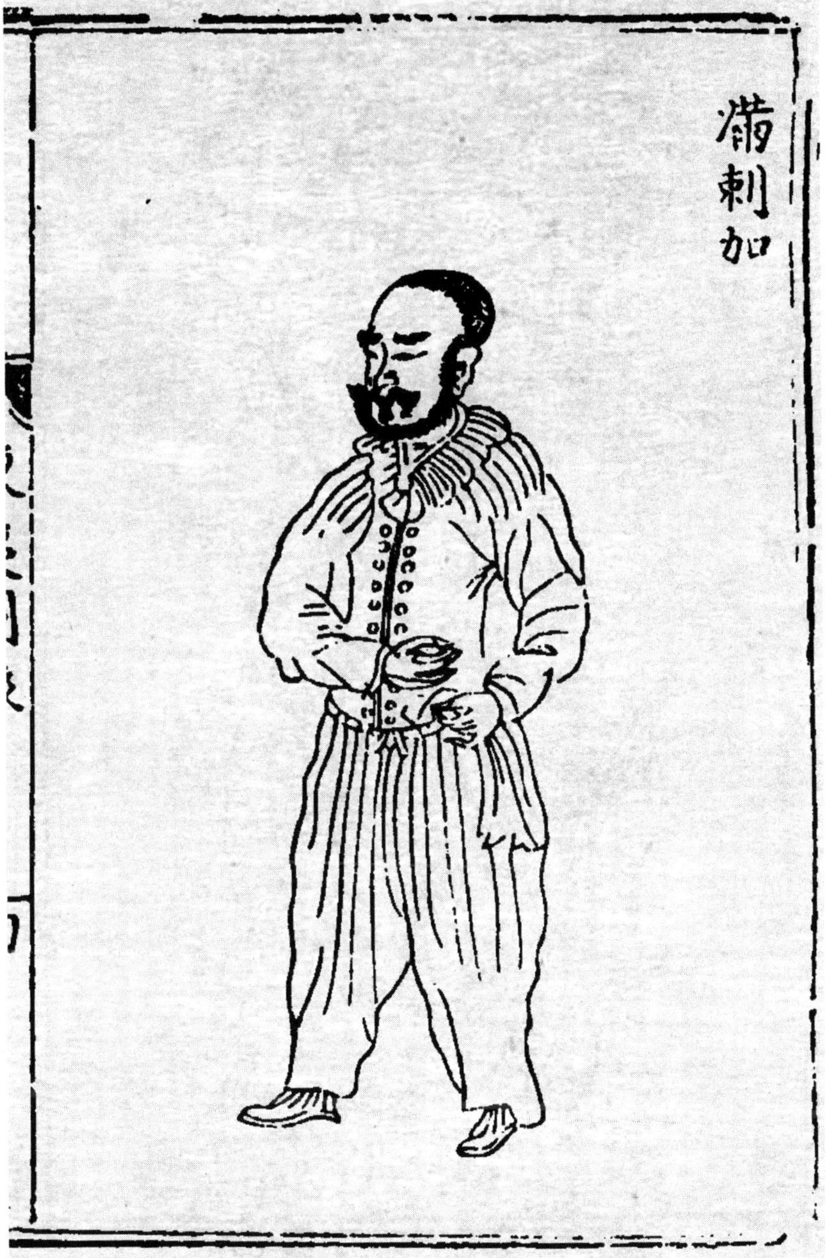

満剌加

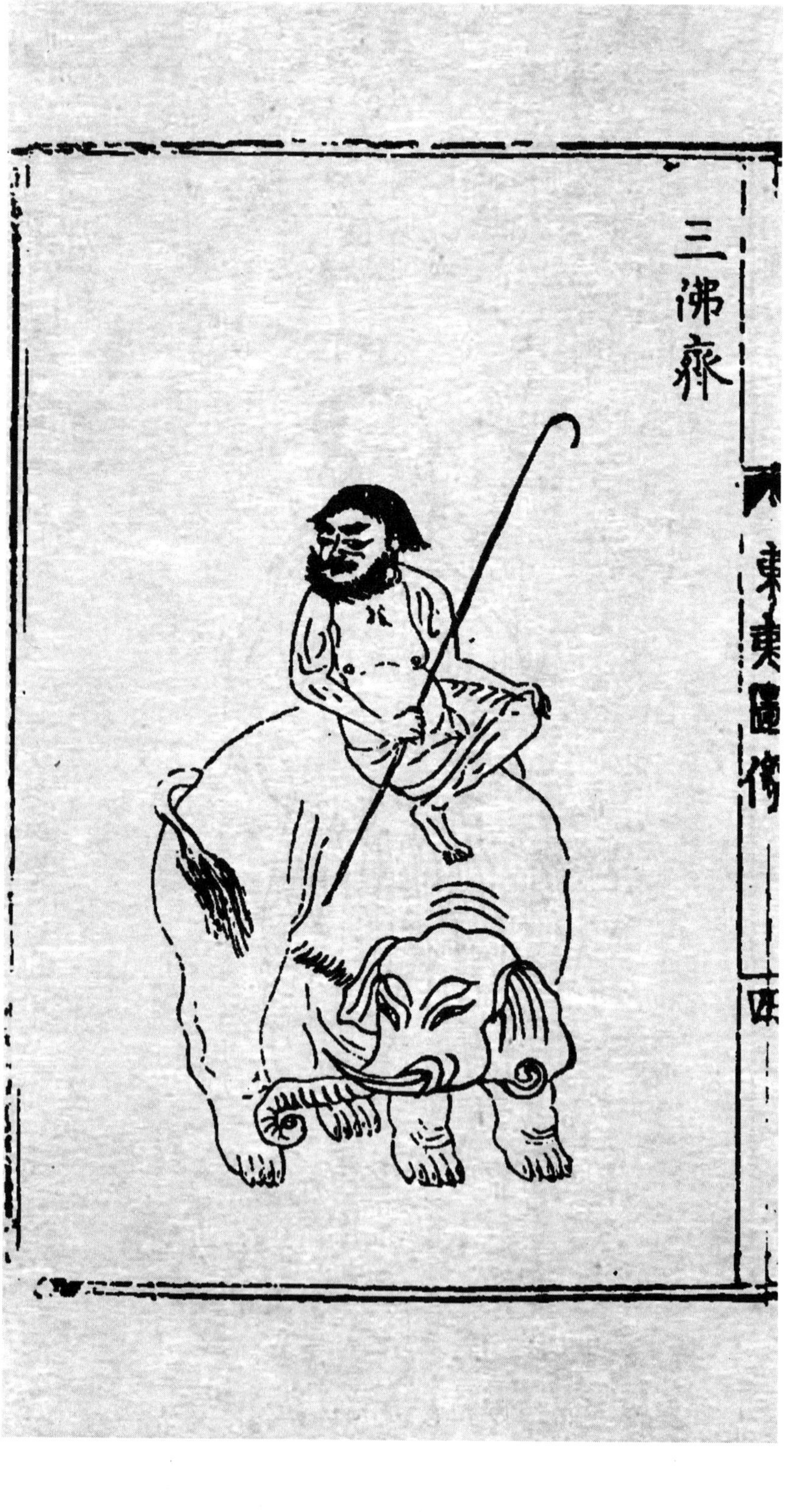
三佛齊
東夷圖像
四

浡泥

彭亨

呂宋

天竺
東夷圖象

咭吟

占城象

順嗒

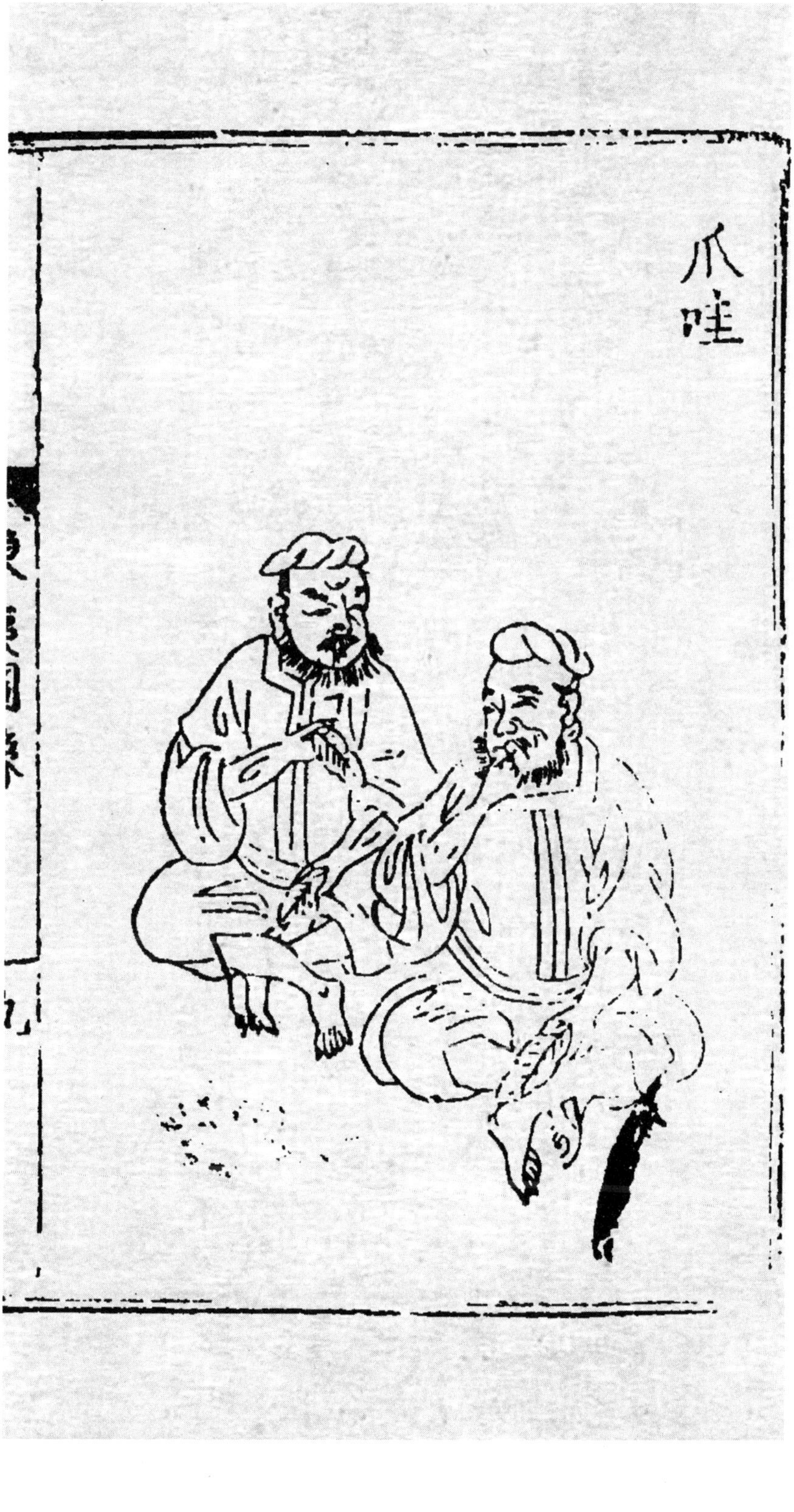

爪哇

佛郎機

日本

黑鬼

朝鮮

朝鮮周所封箕子國也典午時并於高麗高麗故扶餘別種後王建又襲之蓋不止一姓云其國東西南三面濵海北鄰女直西北至鴨綠江東西相距二千里南北四千里分八道統府州郡縣其俗柔謹知文字喜讀書崇釋尚鬼而惡殺戴折風巾服大袖衫男女相悅為婚死三年始葬飲食用俎豆官吏閑威儀居皆茅茨衣多蔴苧有朴儉遺風以田制

倭以秔釀酒法無苛條刑不慘毒鎮國者九都神嵩北岳其名山也海鴨綠江其大川也金銀鐵水晶鹽紬苧布白硾（硾直類切音墜）紙狼尾筆果下馬長尾雞貂豽海豹皮八蛸榛松人蔘其物産也洪武二年王遣使表賀即位賜金印誥命文綺大統曆冊為高麗國王十年以其貢使煩數諭遼東守臣謝絶之遂定三年一貢著為令由是如期遣貢不數不踈二十四年其相李仁人子成桂篡立請更國號曰朝鮮

永樂元年復賜冕服九章圭玉珮玉宣德初賜五經四書性理大全諸書正統間賜遠遊翼善等冠絳紗袍龍衮玉帶等服以高麗去神京不遠人知經史文物禮樂略似中國非他邦比故列聖寵優如此嘉靖入繼大統遣使朝貢三十六年王請改正大明會典所載成桂篡逆事詔從之萬曆初遣翰林院編脩韓世能吏科左給事中陳三謨告即位隨遣使朝賀至今貢獻不絕道由遼東山海關入

亦海國也故得並書

琉球

琉球在大海東南自福建梅花所開洋順颰利船七日夜可至其國歷漢唐宋不通中國其俗視盈虛為晦朔驗草木為冬夏人皆窅目高鼻狀類胡人男去髭鬢縛鳥羽為冠裝以珠玉赤毛婦女黥手為龍蛇文燃白紵繩纏髮從頂後盤繞至額以羅紋白布為帽織鬪鏤皮并雜毛為衣以螺為飾下垂小貝其

聲鏗然若珮馬飲食用手耕無鐵爨無釜甑
器用螺殼煑海為鹽嚼米為酒子為親喪數
月不肉食人死浴屍取骨纏以布帛埋土中
王及諸臣家用匣骨藏山穴歲時祭掃啓視
之信鬼畏神國多女巫淫褻矯誣無論君臣
皆稽首拜跪殿宇無金碧之飾家富貴者瓦
屋不過二三楹餘皆茅土不知醫藥貿易用
錢官民分土為祿食亦無征歛盜竊用刵劓
之刑兵甲驍健堅利進退亦有金鼓鄰國視

為歙敵其人好争喜鬬輒刃殺人度不能免即剖腹自斃其性然也洪武初通貢十五年冊為中山王二十五年王遣子姪及陪臣子入國學賞賚甚厚永樂以來朝貢不絶嘉靖十一年遣左給事中陳侃行人高澄冊立因旣請乞留詔勑為鎮國寶許之其國自奉正朔設官職服衣冠通文習禮雅慕華風日視三朝群臣搓手膜拜為敬凡官以曾學於國學者為之地無貨殖商賈不通山無猛獸多

野牛馬豕鬪鏤木胡椒餘非所産併當中國
冊封必儲蓄數年亦僅僅給王居左右夾以
梵宮頗為華麗私宴使臣出宮庖歌女亦稱
精潔昔傳壁下多聚髑髏為美觀妄也萬曆
七年復遣左給事中蕭崇業行人謝杰冊封
隨遣謝貢燕饗有禮朝貢以時華人為風漂
彼國皆資給送還海外言盡臣職者必曰中
山王云此蕭公為余言也又有小琉球近泉
州閩人言霽日登鼓山可睇而見并入琉球

鳥語鬼形盱睢非人類故不叙

安南

安南古交趾國東起欽州西歷左江北至晾安元江龍州其孔道憑祥其要害也若從天涯驛放洋經猫尾港涌淪佛淘一日夜可抵其國秦隸象郡漢置交州歷唐宋而叛服不常其地瘴暑其俗夷獠雜居不知禮義獷悍喜鬭不解耕種其人皆剪髮跣足窅目昂喙平居不冠粤人呼為夷鬼云有貌類人者乃

馬援平交趾兵之遺種一年再稻一歲八蠶織桑麻畜魚鹽立常叉手坐則交足以故得名男喜剽掠女不耻淫奔初隸占城王遣少子治其國好讀書作字故今沿襲能書其名山佛跡幻滿其大川海富良江其物産金珠丹砂珊瑚玳瑁羚羊犀象蚺蛇翡翠紙扇之屬有狒狒似人能食人有獴獖似猓善捕鼠亦中國所希聞也入明來

高皇帝封陳日煃為安南王既而賊臣黎季犛

弒立、
成祖命張輔討平之復置郡縣以黃福為布政
使兼掌其事後中官馬騏激變成山侯王通
擅和致奸人黎利陳嵩相繼叛亂馴至嘉靖
初莫登庸暨子方瀛篡位請降詔去其僭號
封伊孫福海為都統使以其十三路各置宣
撫司俾世守以奉正朔未幾福海復為黎寧
所逐仍據其國莫氏竄居海島詭云福海卒
子宏瀷襲今轄領其衆者宏瀷子茂洽也以

不係中國置不問焉萬曆六年遣使入貢十四年茂洽越請故疆朝廷允總督議以吟邦岜米等四村給與管業仍令行文以宣示之所以柔遠人者至矣使回廣東布政司管待如列國儀

占城

占城古越裳氏秦曰林邑漢曰象林唐元和中改號占城在海西南自東莞縣放洋歷獨猪山交趾洋收新州港入其境國人多姓翁出

入乘象坐馬喜戰鬬尚釋教殺牛祭鬼驅象逐邪亦獷悍俗也地不產絲綿男女以白㲲布纏其胷垂至足衣衫短窄攏髮椎髻散垂為髻于後粒食亦鮮土多白沙禾稻收成甚薄釀椰為酒煑海為鹽有城郭屋宇藥鏃刀標兵仗以備不虞門墻用磚灰甃砌刻堅木為獸形官房覆瓦民舍編茅即門限高下亦分等級冬無氷雪氣候常暖人不鮮正朔視月弦為初月晦為盡如此十次盈虧方為一

歲不置閏月八更為節晝夜各分五十刻晝非午不與夜非子不寢見月飲酒歌舞為樂魚不腐不食釀不蛆不為美酒以竹管揷甕就而咂之不用杯酌國無楷筆以羊皮捶薄薰黑削細竹為筆醮白灰寫之字皆縈曲若春蚓然歲取人膽入酒與家人共飲并以浴身謂之壯膽氣若人為虎鱷所噬以狀詣王王命國僧持呪書符投人死所虎鱷自赴伏罪訟不能决令兩造過鱷魚潭理負者輙食

之宜則否其産犀象玳瑁火珠龍腦孔雀薔
薇水猛火油之屬伽南香惟此地有之價亦
高貴若烏木降香供爨燎而已洪武二年入
貢封為占城王賜大統曆金綺永樂七年遣
太監鄭和詔諭諸番其酋長首戴三山金冠
身披錦花手巾四腕俱貫金鐲足穿玳瑁履
腰束八寶裝帶如金剛狀擁象郊迎後通朝
貢正德五年遣給事中李貫行人劉廷瑞齎
冊往封上元夜宴作樂爇沉檀火樹高燃鐙

姬旋舞亦足賞也嘉靖年再至使因令廣東布政司管待以示寵異焉

西洋

西洋在海西西南與僧迦密邇自錫蘭山放洋順颿利船十晝夜可抵其國當巨海之要嶼乃諸番總會之區也其俗傍海為市聚貨通商貿易以金銀為錢以絹段青花白磁器燒珠水銀為貨男子髡首穿長衫頭纏白布婦人素足穿短衫腰圍色布兩耳懸金墜絡索

數枚其項上珍珠寶石珊瑚連掛纓絡四腕貫金鐲手足指皆帶金鑲嵌寶戒指髻垂腦後容白髮黑與中國婦女不殊氣候常熱風俗近古尚信義行者讓路道不拾遺以葫蘆為樂器紅銅絲為絃歌聲相協鏗鏘可聽刑無鞭笞輕斷手足重則誅其人沒其產其酋長好浮屠建寺範金為佛欽象牛飲其乳不食其肉煅牛糞為囊佩之每朝仍水調抹額及股而禮佛民皆屋居粒食山多地瘠稻穀薄

收宜麥多駿馬入山而樵涉水而漁各贍生業善織綿布獨幅既濶且長瑩絜如紙中國亦頗重之土產蘇木胡椒薔薇露波羅蜜印花被手巾各貯之以待商販若珊瑚琥珀珍珠金寶諸種異香皆来自別國雖非所產而市舶羅列燦然溢目足稱富饒故今稱富商大賈必曰下西洋来云洪武初通貢中國永樂七年遣太監鄭和詔諭諸番賜王誥命錦綺有錫蘭山國頭目不共謀害舟師鄭和潛

備先發擒其王獻俘闕下詔赦還國由是西洋諸夷無不感服向化累朝貢獻方物使由廣東布政司遵會典以管待焉

真臘

真臘一名占臘故扶南屬國在東海中隋時始通中國唐貞觀初并扶南而自立宋宣和時封為真臘王自東莞縣放洋經交趾占城過崑崙洋乃其國都也城周可二十里立五門東向為上右手為絜王居環列橋塔獅象

皆以金為之極其壯麗諺云富貴真臘以此其内中一金塔王寢其上官民房舍服飾器用各有等差亦有文字俗重僧教以事天誦經呪王衣純花布首戴金冠如金剛狀項掛珍珠索手足皆貫金鐲簌以猫睛寶石出則手持寶劍幡幢象馬擁衛甚盛三日一視事捲簾作樂亦如王者之儀以下男女皆椎髻袒裼以布圍腰出加大布一條為飾民色甚黑至宫人大家女其白如王身嘗塗以香藥婚

娶尚奢女未滿十歲必先擇僧道摩其童身
取朱點額然後人爭娶之其俗以十月為歲
首、張燈燃火樹四月拋毬五月迎佛七月燒
稻、八、月挨藍聚伎樂舞九月壓獵聚衆教閱王亦出觀
與民同樂、刑法小事罰金重則引囚生瘞實
之土石、其次則斮趾劓鼻姦賭不禁故婦女
多淫、破身早、故顏色易謝死喪王以塔葬餘
則累以布幕舁之郊外、今亦漸知焚化父母
無服制男髡首女薙顱門髮為孝過則蓄髮

如初天熱土饒不宜菽麥視力耕種稍可數收貿易多婦人以金銀為尚織帛次之街中國針梳鍋蓆磁漆等器甚貴之若犀象翠毛孔雀香貨藥材其產也洪武六年表獻方物賜大統曆文綺二十年遣使貢象景泰二年王率妻子來朝使回令廣東布政司管待以示柔遠之義云

暹羅

暹羅本暹與羅斛二國在南海中元至正間

暹降羅斛合而為一故曰暹羅自東莞縣放洋歷占城向西南行七晝夜入暹羅港少進為一關再進為二關即國都也群山環繞峭棱崎嶇地卑沮洳氣候嵐熱無城郭王宮據大嶼稍如中國殿宇之制覆以錫瓦頗為壯麗貴者樓居各夷散處水棚版閣蔭以茭草習尚侵掠人皆髡首煮海為鹽其國右僧凡王子習梵字梵禮皆從貴僧用刑輕則皮鞭差重斷足十趾再重斷手十指罪至殊死者

腰斬或以象擽之貴僧祈請行為僧奴建巳
月始作農事建酉月禾乃登賦役皆薄男女
先私婦而後聘婚婦人多智慧諸事皆令決
之刺繡織紝工於中國能釀林為酒故進酒
甲於諸夷婦飾必以諸香澤其體髮日夕三
四浴與中國人私不禁喪禮富者灌水銀養
屍以葬民間舉屍筏浮於海迎僧呪群大鳥
食之頃刻而盡謂之鳥葬其産多寶石片腦
翡翠犀象珊瑚玳瑁六足龜銅鼓貿易用海

服故民豪富諸國異産奇貨輻輳其地匠藝工緻嵌寶指環時至中國一枚可直數金地廣兵強好習水戰嘗侵掠占臘而私其貢賦以不繫中國置不問焉洪武四年始来朝貢永樂十五年復貢方物賜烈女傳金綺並敕宣德中稍減賜物著為令使回令齎東布政司管待以送之

滿剌加

滿剌加在南海中不通中國其初隷暹羅歲

輸金四千两後奉我正朔始建砷開國不屬焉自東莞縣放洋至岷屯收龍牙門港二日程至其國為諸夷輻輳之地亦海上一小都會也王居僭擬殿宇以錫箔為飾俗尚醇樸教習回回男女皆椎髻黑膚淘錫網魚為業屋如樓閣而不鋪板用木高低層布床榻廚厠俱在其上文字皆梵書貿易以錫地瘠不產五穀米稻皆暹羅所貿彌闌禁食豕肉富夷以酥酪和飯而啖雞犬鵝鶩常仰販於他國

故一物之價五倍於華民性獷暴重然諾鈀鑞不離頃刻稍忤即戳刃其胷死刃者逃匿不復尋讎貧者頗事剽掠舶商假館主者必遣女奴服役少不知戒腰纏悉為所有矣婚嫁論財婦女以夜為市過二鼓遇巡徼姑郎伽哪即執而戮之輕刑鞭撻罪至死者斷木為高樁而銳其末貫因大孔輾轉洞腹而死喪事民間火化富者以樟腦實棺中焚之土產犀象玳瑁瓚袱片腦鶴頂紅薔薇露之屬

嘗侵掠爪哇正德中被佛朗機仇殺王退休
陂隄兵去復國永樂三年始通貢七年册封
為王賜銀印袍服九年王卒妻子來朝至正
統間封貢不絶成化未遣給事中林荣行人
黄乾亨往封溺海自是不通每貢使回廣東
布政司餞之遵會典也

蘇門答剌

蘇門荅剌即古蘇文達那在南海中自東莞
縣開洋至滿剌加復向西南行順風九晝夜

可抵其國東南大山西北距海商賈輳集之地西洋之要會也國無城郭有大溪入海海口波濤瀵湧常至覆舟風俗淳厚言語和柔室廬婚喪刑罰俱與滿剌加同男子髮纏白布腰圍稍布婦人椎髻裸體腰圍色帨手巾天氣常熱粒食亦鮮田瘠五穀少收地産胡椒附樹蔓生纍纍如櫻榔子而小巨室一家有積至數千百斛以待商販民間以網魚為業朝駕獨木船張帆出海日暮乃回煑海為

鹽釀茭樟子為酒以金錫為錢貨用青白磁器銅鐵絹布之屬商舶往來財貨充牣頗為富饒然非所産貿易指天為約即千百緡不立文字終不敢負惟酋長好殺每殺人取血浴身謂之通身是膽蓋夷性獷悍俗使然也洪武中遣使朝貢永樂三年用為蘇答剌王已而與花面王戰死子弱不能報其妻令於國曰能復此讎者我以為夫有漁翁如其言遂從為偶無何有故王假子殺漁翁其子奔

峭山時時互相讎殺十一年太監鄭和至其
國容擒假王子械京伏法立其子蘇幹利為
王感再造之恩累朝貢獻方物廣東布政司
於貢使回管待如列國儀

三佛齊

三佛齊即舊港又名浡淋初隸爪哇在東南
海中多以蒲為姓蓋南蠻之別種也自東莞
縣開洋先至爪哇復向南行順風八晝夜可
抵其國地有十五州東距爪哇西距滿剌加

南距大山西北濵海田土膏腴宜稼穡古云一年種穀三年生金言穀盛而貿金多也人好賭慱習水戰服藥刀箭不能傷臨敵收死以此雄於海上鄰國畏之其處水多土少將領陸居周遭皆僕從環住民多架筏水中蓋屋其上以木樁拴閘水長則浮不能渰沒或欲他徙起樁連屋而去不勞餘力畨舶輻輳半為閩廣人市用錢布字用梵書一互市而金寶錯陳稻米狼戾足稱富饒他國未有其

餘語言服食刑罰婚喪種種與爪哇同蓋夷
俗使然不甚相遠也洪武來累遣朝貢詔賜
大統曆錦綺三佛齊王印國王感激非常會
有廣東亡命陳祖義避難其國久之僭為將
領永樂十三年太監鄭和統海船下西洋至
三佛齊國祖義欲犯我舟師鄭和潛伏擒獲
之由是薄海內外罔不震疊地產鶴頂火雞
神鹿水晶珊瑚瑠璃龍腦犀象貓睛石薔薇
水之屬鶴頂鳥大于鴨腦骨厚寸餘外黃內

赤鮮明可愛火雞大于鵝而頭足亦似鶴狀紅冠銳觜毛如青羊色爪甚利傷人腹致死食炭神鹿大如巨象高可丈餘短毛豕喙蹄三岐皆物之異者故特表之貢使回廣東布政司管待以華其行

回回

回回即默德那國地接天方王生而聖靈臣服西域諸國諸國翕然敬事之傳有佛經三十藏凡三千六百餘卷字兼篆草楷三體能

百陰陽星律曆禱諸技靡不精究而收奇功又善鑒識每於賈胡海市中廉得奇貨故今稱識寶者必曰回回其教專以事天為本自隋開皇中始入中國至今流衍四方其國寒暑應候土脉膏腴有城池宮室田園市肆大類江淮間民物阜蕃衣服整潔人皆窅目胡鼻以白布纏頭不問可知為色目中人以蜜為酒以牛為菜好歌舞為樂男女自相嫁娶不與俗家連姻夫婦好合詰朝必取水淋沐

再三雖天寒不免人知重五穀亦有牛羊雞鶩非自殺不食惟不食豕肉相傳其始自驢家交構而生故累世不敢更易一或破戒非病即災矣其種散居海内出外不挾行貲隨所至必飲食之到處建禮拜寺為祝釐受戒之所亦頗宏廠壯麗遇節香花供養燃燈誦經無禁也親死用布囊屍入棺鼓樂導送至墳抽去棺底以土掩屍妻子每至以水澆之祈速朽為孝蓋習于墨氏之流以薄為道者

也產織文雕鏤器皿極其精巧餘皆與西洋國同宣德中遣使貢獻方物使回廣東布政司管待今附舶香山濠鏡澳貿易濠胡刀切音豪水名在鏡澳

○錫蘭山

錫蘭山國古狼牙須也在西洋大海中與柯枝國對峙自蘇門答剌順風駛舶十二晝夜可抵其國相傳釋迦從翠藍嶼來登此山猶存足跡山下有寺貯釋迦涅槃真身側卧及舍利子故其俗尚釋重象牛煆牛糞灰塗體

飲牛乳而不食其肉殺牛者罪死王宮民居
旦必調牛糞塗地而禮佛其民上裸下纏帨
加壓腰去鬚髯留髮以布纏之女人椎髻下
後下縈白布飲食不令人見其氣候常熱宜
稻不宜麥市用金錢重麝香綺絹青磁等器
海洲有珠池口映光浮起閃閃射日間歲一
淘珠諸番賈爭來市販地廣人稠貨物多聚
亞于爪哇亦富饒之國也其產青紅黃鴉鶻
石水晶珊瑚金戒指西洋布諸香之屬永樂

七年遣太監鄭和等齎詔勅持金銀供器綵裝織金寶幡施于寺及建石碑其王負固不恭和即潛備生擒歸獻闕下　上釋而遣之命擇其支屬賢者封為錫蘭國王後又遜位十四年遣使貢獻方物正統天順間猶來朝貢使回廣東布政司管待今附舶香山濠鏡澳貿易

浡泥

浡泥本闍婆屬國在西南海中統一十四州

俗以板為城以銅鑄甲煮海為鹽釀秫為酒
喪葬有棺飲食無器室宇弘敞田原豐利昔
尚奢後愛敬華人王服頗效中國之製產片
腦諸香象牙吉貝玳瑁鶴頂洪武四年遣使
朝貢永樂三年冊為浡泥國王六年王率妻
子來朝表獻方物賜宴奉天門賞賚有差是
年王卒會同館謚恭順葬石子岡樹碑祠祭
冊其子遐旺嗣為王封其國後山賜名長寧
鎮國山上為文刻石遣使送歸每貢使回廣東

布政司管待今附船香山濠鏡澳貿易

○○○彭亨

彭亨在東南海中左暹羅循其道可至其國石崖周匝崎嶇遠望如寨內多平原禽獸稀少草木蕃茂土沃宜稼穡氣候常溫尤饒蔬果人皆粒食好誦佛經上下親狎恥為寇盜煑海為鹽釀椰為酒男婦椎髻繫單裙富家女子金圈四五飾于頂髮其餘玉色燒珠穿圈而已其俗尚怪刻香木為人殺人血祭禱

以祈福禳災此其夷風也洪武十一年遣使
朝貢賜以綵幣永樂十二年復獻方物地産
片腦諸香花錫使回廣東布政司管待令附
舶香山濠鏡澳貿易

百花

百花在海之東南依山為國天氣常燠如春
無霜雪國多奇花嘉樹四時不凋蒼茂葱鬱
以故得名民俗富饒尚釋教産紅猴龜筒玳
瑁孔雀胡椒又有倒掛鳥形如雀而羽五色

曰焚好香則收而藏之羽翼間夜則張翼倒掛以舒香氣令絪氳滿室芬芳襲人亦珍禽也洪武十一年遣使朝貢賜以錦綺使回廣東布政司管待令附舶香山澳貿易

呂宋

呂宋在海之西南其風俗服食婚姻與佛朗機大同小異國小而產黃金人勤而稱富庶且質朴不喜爭訟交易不立契書身衣衫褲足穿皮屨出入佩刀自衛時常禮佛誦經犀

角象牙珊瑚珠貝諸香品料其方物也永樂
三年遣使朝貢賜以文綺使囬廣東布政司
管待今附舶香山濠鏡澳貿易

天竺

天竺即古身毒國有五天竺在海之西南距
中國遠甚人多奉佛為僧不茹葷不殺生每
七日一禮拜天食輙誦經食已復誦謂謝天
也王與大臣服錦罽為螺髻于頂餘髮剪之
使垂蓄有聲伎宣唱梵音鐃鈸鈴螺雜然並

奏以為樂男子髡首穿耳懸鐺跣足服色尚白製如袈裟敬禮人極必舐足摩踵而後致詞有字文無簿籍以瞿曇為學以貝葉為書以慈悲廣大為心以貪嗔婬佚為戒雖有刀箭甲兵怯於戰鬬工天文星曆之數善沉湎幻化之術貿易用貝國有宴會恐酒亂性以薔薇露和蜜水飲之左右前後坐卧器皿各置天主為惺惺法其一念精專行亦苦矣地産獅象珊瑚珠璣瑯玕金罽白氎毹㲪之屬

其所尚者一曰火齊如雲母而色紫裂之則薄如蟬翼積之則如紗縠重疊一曰金剛色似紫石英可以切玉亦奇種也先是嶺南香山有澳曰濠鏡為諸番互市之地夷商雜處財貨充溢其勢必至于爭刴夷性嗜利尤易狺也天竺僧自彼國渡海遠來歷三年始達濠鏡諸夷信其法遂奉之以要東諸夷諸夷事之惟謹不敢或違固怵於輪廻果報之說乃僧之戒行亦足動人哉以不通朝貢故廣

東布政司不列管待盖來不拒去不追王德之體然也

咭吟

咭吟小國也居海島中不通朝貢其人以白布纏頭身穿白小袖長衣食多牛羊鷄魚以手不用匙箸惟不食豕肉見華人食者輙惡之謂其獻穢也地産胡椒蘇木荳蔻象牙時附舶香山濠鏡澳貿易

茸坡寨

苹坡寨小國也居海島中不通朝貢其人飲食用蕉葉裝盛以手撮食婚姻不論同姓苟合者多酋長死妻妾皆以殉葬地產降真荳蔻象牙犀角時附舶香山濠鏡澳貿易

順嗒

順嗒小國也居海島中不通朝貢其人醜而黑以布帛為衣飲食生熟相半婚姻不論貴賤意合則從地產胡椒象牙丁香荳蔻時附舶香山濠鏡澳貿易

爪哇

爪哇即古闍婆國，又名莆家龍，元稱爪哇，在海東南。自東莞縣開洋至占城，由占城順風二十晝夜即至其國也。王城磚甃，高踰三丈，方三十餘里。宮宇高四丈，地鋪板，掌以藤花蓆，頗為宏麗。民居編茭樟葉以覆。王蓬首頂金葉冠，胷索嵌絲帨，腰束錦綺，佩短刀，跣足，跨象或乘牛。其國地廣人稠，甲兵為東洋諸夷之最。男女黝色，猱頭椎髻，上衣長衫，下帨直纏至膝坐卧無椅榻飲食不用匙箸以木葉手盛撮食凡蟻蚓蛇虫蠕動之物無不啖之不為穢也釀椰為酒列行為市貿易用銀葉錢量衡倍于中國婚姻無媒妁納黄金于女家、即迎之金鼓刀盾珠飾寶裝前後甚都夫死其妻不顧而去未旬日適人矣土人有名無姓、酗酒信巫輕生好鬬出入必佩匕首極其精巧、一語不合、即挾匕相刺刑無鞭朴罪不問輕重、以藤縶刃戮之喪有水葬火葬犬葬惟死者所欲主翁死婢妾皆簪花送屍海濱畀群犬食盡為喜不則哭泣悲號環坐積薪縱火自焚死蓋狗葬之遺也村埠多西番賈胡閩廣流寓曰杜板曰新村曰蘇魯馬益各千餘家服食頗潔舶至此互市金寶充溢米穀豐盛商旅輳集道不拾遺他國未有洪武初遣使朝貢已而我使至三佛齊爪哇要而殺之詔諭切責絕其貢使永樂七年遣太監鄭和詔諭諸夷從來通貢給銀印賞

賫有差正統八年定三年一貢著爲令土産金珠瑪瑙犀象玳瑁猫睛鴉鶻石倒掛鳥紅白鸚鵡之屬使回令廣東布政司管待以示柔遠焉

佛朗機

佛朗機在海西南以不通中國未詳何種與滿剌加同道循之可至其國民多富饒巨室一家胡椒有至數百斛犀角象牙珠貝香品蓄貯無筭其俗不尚鬼信佛喜誦經每六日

一禮拜佛先三日食魚為齋至禮拜日則鷄猪牛羊不忌國人髡首貴者戴冠賤者頂笠

見尊者撤去之為敬薙髭鬚貌類中國上著衫腰穿長袴下垂至脛足有皮屨衣服極潔用瑣袱西洋布瑣哈喇或中國絲綿紬段為之顏色惟意手持一紅杖而行其他則否飲食不用匙箸富者食麵貧與奴僕食米婚娶論財無媒妁家世相敵即請佛前相配以一僧為證謂之交印遂携婦歸男聘以十四責

女之奩資常數倍奴田有五六房者歲外家非千金不以嫁女構木為居設舶為市牙儈交易掬指節以示數千金貿易不立文字指天為約卒無敢負相會則交捫其心誤捫其首則勃然忿爭罵詈止及其身雖甚辱不校若罵子孫及其父祖罵奴及其家長輒以死鬪故傭奴以土著為上為其能杆主也貧民頗事剽掠獨客過殺而奪其貨過巡徼官執而戮之王亦不詰人積家財臨死時遺囑若

干與妻孥若干捨入廟悉如其言君無囑書
即一半付子、一半歸王無有競者大都夷性
一窕狡嗜利善製火銃一發中人無不立死名
曰佛郎機中國倣其製以禦敵正德間假作
貢獻來至近廣恃火銃設柵自固擄嬰孩烹
食之守臣率水兵攻之乃遁又與滿剌加互
市爭鬭恨其因執哪噠歸懇治兵突至滿剌
加大被殺掠盡衆滿載而歸其產有犀象珊
瑚眼鏡瑣袱天鵝絨瑣哈喇蘇合褚段之屬

入明来以不預朝貢故廣東布政司亦無管待盖蹤而不覲聖王制馭蠻夷之道如此

日本

日本即倭奴在東南海中世以王為姓地分五畿七道三島倭王最為雄長居邪馬臺歷漢以来皆朝貢唐咸亨初惡倭名更號日本其俗男子魁頭斷髮黥面文身裙襦横結不施縫綴女人衣如单被貫其首而穿之以丹塗身為飾如中國之傅粉也飲食手摶見人

髻以蹲跪為敬人死有棺無槨親喪不飲酒食
肉戚屬臨屍以歌舞為樂既葬則羣浴於河
以祓除不祥婚姻不娶同姓婦入夫家必先
跨火然後相見惟會同男女雜亂無別其人
嗜酒信巫輕生好殺性貪且譎惟以劫掠為
生刀劍弓矢極其犀利裸身赴鬬慣舞双刀
輕儇跳躍能以寡勝衆至劫營設伏華人每
墮其術中其王自謂泰伯之後以天為兄以
日為弟稍通華音知文字唐時有黠爽入中

國不識葵花或給之曰一丈紅即口占曰花如木槿花相似葉比芙蓉葉一般五尺欄干遮不盡還留一半與人看亦有風趣國初雖来朝貢其實暗通奸人胡惟庸謀為不軌

太祖貽訓絕其貢使改市舶于粵東召信國公湯和等築登萊浙直閩廣備城抽兵戍守其慮深矣永樂二年遣使貢獻冊為日本國王自後宣德弘治間隨貢隨掠嘉靖中徽人王直誘之入寇十餘年沿海一帶二十六郡被

其荼毒較之正統時大嵩桃渚之禍尤烈後總督胡宗憲計擒王直漸次剿平浙西江東稍稍始息至今橫行海上飄忽千里出沒不常即島夷無不畏之春秋二汛常為戒嚴地產金銀水晶琥珀珠玉螺鈿倭屏倭扇犀象之屬亦得中國絲綿錦綺磁器針線等物喜不自勝以不許通貢故廣東布政司亦無管待蓋思患預防以示外而不內之意云

黑鬼

黑鬼即黑番鬼號曰鬼奴言語嗜慾不通性戇無他腸能扞主其色如墨目圓髮鬈而黃有牝牡生海島中食生物腥羶與以人肉生啗之火食則洞泄過此則易畜矣絕有力一人可負數百觔臨敵不畏死入水可經一二日嘗見將官買以衛鋒其直頗厚配以華婦生子亦黑父畜能曉人言而自不能言為諸夷所役使如中國之奴僕也或曰猛過白番鬼云

東夷圖總説二

東夷圖總説二

〔明〕蔡汝賢 撰

明萬曆刻本

東夷圖總說二

盖聞明王慎德四夷咸賓予之圖說獨詳於東南夷何也貢由粤入職所掌也朝鮮非由粤也何首乎密邇京邑有禮義之遺風亦海國也琉球何以次朝鮮也地不當中國一大郡而奉職惟謹以向中國則進之也

夷則夷之也占城西洋真臘暹羅滿剌加蘇門答剌三佛齊回回錫蘭山皆大國也囿于夷莫能相尚列而存之昭無外也浡泥彭亨百花呂宋小夷也序于爪哇佛朗機日本之上蓋嘗事我中國有獻琛之誠焉天竺咭吟丼坡寨順嗒不通貢而通市安知無慕華之思原之斯録之也爪哇戕我天使佛朗機獵我

華人夷而貌矣退之示創也日本横豢海上其心叵測沿邊二十六郡憂殷哉黑鬼微乎微矣亦得附於諸夷之後均覆載也或曰是則然矣東南夷詼些乎曰未也雜見於樵氏通典集事淵海星槎勝覽臝虫録吾學編諸書蕃乎夥矣存而弗論可也所圖狀貌習尚審乎曰千里殊風百里異俗中國且然矧夷乎

彼此互見論而弗膠可也然則所圖之意何居夷之盛衰中國安危之繫也唐有王會圖宋有四夷述職圖大中祥符間史館張復上言乞纂朝貢諸國錄付史官蓋自古記之矣粵有香山濠鏡澳向為諸夷貿易之所來則寮去則卸無虞也嘉靖間海道利其餉自浪白外洋議移入內歷年來漸成雄窟列廛市販

不下十餘國夷人出沒無常莫可究諸閩粵無籍又竄入其中纍然為人一大贅疣也昔伊川被髮以祭識者憂之五胡内訌江郭交章欲徙況遲速大小之說又可鏡識有經世之責者試思之國九二十有四貌之者二十間有輿圖說左者在中國則服然識所見也餘闕焉嶺海多奇聞因輯古今所睹記者二卷

并附以諗博雅君子旹

萬曆丙戌孟冬日東海蔡汝賢書

蔡汝賢

近人云高丽
王姓更继為
王王有六相
文武官員
子孫世襲不
民耕田交税
以歲豐相加
二十歲交税
一歲如至六
十歲交税者
欽老者不能
以子代絕者人
繼之絕嗣
者牧馬自養
餘年夫死妻
鬻身事人

朝鮮

朝鮮周所封箕子國也典午時并於高麗高麗故扶餘别種後王建又襲之蓋不止一姓云其國東西南三面濵海北鄰女直西北至鴨緑江東西相距二千里南北四千里分八道統府州郡縣其俗柔謹知文字喜讀書崇釋尚鬼而惡殺戴折風巾服大袖衫男女相悦為婚死三年始葬飲食用俎豆官吏閑威儀居皆茅茨衣多蔴苧有朴儉遺風以田制

無娶者鬼妻有子則爲人奴終其身而已

俸以秔釀酒法無苛條刑不慘毒鎮國者九都神嵩北岳其名山也海鴨緑江其大川也金銀鐵水晶鹽紬苧布白硾紙狼尾筆果下馬長尾雞貂豽海豹皮魞鮹棒松人參其物產也洪武二年王遣使表賀即位賜金印誥命文綺大統曆册為高麗國王十年以其貢使頻數諭遼東守臣謝絕之遂定三年一貢著為令由是如期遣貢不數不疎二十四年其相李仁人子成桂篡立請更國號曰朝鮮

永樂元年復賜冕服九章圭玉珮玉宣德初賜五經四書性理大全諸書正統間賜遠遊翼善等冠絳紗袍龍袞玉帶等服以高麗去神京不遠人知經史文物禮樂略似中國非他邦比故列聖寵優如此嘉靖入繼大統遣使朝貢三十六年王請改正大明會典所載成桂簒逆事詔從之萬曆初遣翰林院編脩韓世能吏科左給事中陳三謨告即位隨遣使朝賀至今貢獻不絕道由遼東山海關入

亦海國也故得並書

琉球

琉球在大海東南自福建梅花所開洋順颿利船七日夜可至其國歷漢唐宋不通中國其俗視盈虛為晦朔驗草木為冬夏人皆窅目高鼻狀類胡人男去髭鬚貫鳥羽為冠裝以珠玉赤毛婦女黥手為龍蛇文撚白紵繩纏髮從頂後盤繞至額以羅紋白布為帽織鬪鏤皮并雜毛為衣以螺為餙下垂小貝其

聲鏗然若珮馬飲食用手耕無鐵犂無釜甑
器用螺殼煮海為鹽嚼米為酒乎為親喪數
月不肉食人死浴屍取骨纏以布瘞埋土中
王及諸臣家用匣骨藏山穴歲時祭掃啓視
之信鬼畏神國多女巫淫褻矯誣無論君臣
皆稽首拜跪殿宇無金碧之飾家富貴者瓦
屋不過二三楹餘皆茅士不知醫藥貿易用
錢官民分土為祿食亦無征歛盜竊用荆劓
之刑兵甲驍徤堅利進退亦有金鼓鄰國視

為勍敵其人好爭喜鬪輒刃殺人度不能免即剖腹自斃其性然也洪武初通貢十五年用為中山王二十五年王遣子姪及陪臣子入國學賞賚甚厚求樂以來朝貢不絕嘉靖十一年遣左給事中陳侃行人高澄用立因疏請乞留詔勑為鎮國寶許之其國自奉正朔設官職服衣冠通文習禮雅慕華風日視三朝群臣撎手膜拜為敬凡官以曾學於國學者為之地無貨殖商賈不通山無猛獸多

野牛馬豕鬪鏤木胡椒餘非所產每當中國冊封必儲蓄數年亦僅僅給王居左右爽以梵宮頗為華麗私宴使臣出宮庖歌女亦稱精潔昔傳壁下多聚髑髏為美觀妄也萬曆七年復遣左給事中蕭崇業行人謝杰冊封隨遣謝貢燕饗有禮朝貢以時華人為風漂彼國皆資給送還海外言盡臣職者必曰中山王云此蕭公為余言也又有小琉球近泉州閩人言霽日登鼓山可瞭而見并入琉球

鳥語鬼形盱睢非人類故不叙

安南

安南古交趾國東起欽州西歷左江北至臨安元江龍州其孔道憑祥其要害也若從天涯驛放洋經猫尾港涌淪佛淘一日夜可抵其國秦隸象郡漢置交州歷唐宋而叛服不常其地瘴暑其俗夷獠雜居不知禮義獷悍喜鬬不鮮耕種其人皆剪髮跣足窅目昂緣平居不冠粵人呼為夷鬼云有貌類人者乃

馬援平交趾兵之遺種一年再稻一歲八蠶
徧桑麻富魚鹽立常叉手坐則交足以故得
名男喜剽掠女不耻淫奔初隷占城王遣少
子治其國好讀書作字故今沿襲能書其名
山佛跡勾漏其大川海富良江其物產金珠
冊砂珊瑚玳瑁羚羊犀象蚺蛇翡翠紙扇之
屬有狒狒似人能食人有獴獖似猿善捕鼠
亦中國所希聞也入明來
高皇帝封陳日煃為安南王既而賊臣黎季犛

弑立、成祖命張輔討平之復置郡縣以黄福為布政使兼掌其事後中官馬騏激變成山侯王通擅和致奸人黎利陳暠相繼叛亂馴至嘉靖初莫登庸暨子方瀛篡位請降詔去其僭號封伊孫福海為都統使以其十三路各置宣撫司俾世守以奉正朔未幾福海復為黎寧所逐仍據其國莫氏竄居海島詭云福海卒子宏瀷襲今轄領其衆者宏瀷子茂洽也以不係中國置不問焉萬曆六年遣使入貢十四年茂洽越請故疆朝廷允總督議以吟邦邑米等四村給與管業仍令行文以宣示之所以柔遠人者至矣使回廣東布政司管待如列國儀

占城

占城古越裳氏秦曰林邑漢曰象林唐元和中改號占城在海西南自東莞縣放洋歷獨豬交趾洋收新州港入其境國人多姓翁出

入乘象坐馬喜戰鬭尚釋教殺牛祭鬼驅象
逐邪亦獷悍俗也地不産絲綿男女以白氎
布纏其胷垂至足衣衫短窄撮髮椎髻散垂
為髻于後粒食亦鮮土多白沙禾稻收成甚
薄釀椰為酒煑海為鹽有城郭壘宇藥鏃刀
標兵仗以備不虞門墻用磚灰甃砌刻堅木
為獸形官房覆瓦民舍編茅即門限高下亦
分等級冬無氷雪氣候常暄人不觧正朔視
月弦為初月晦為盡如此十次盈虧方為一

歲不置閏月八更為節晝夜各分五十刻晝非午不興夜非子不寢見月飲酒歌舞為樂魚不腐不食釀不蛆不為美酒以竹管揷甕就而咂之不用杯酌國無楷筆以羊皮槌薄薰黑削細竹為筆蘸白灰寫之字皆縈曲若春蚓然歲取人膽入酒與家人共飲并以浴身謂之壯膽氣若人為虎鱷所噬以狀詣王王命國僧持呪書符投人死所虎鱷自赴伏罪訟不能決令兩造過鱷魚潭理負者輙食

之直則否其產犀象玳瑁火珠龍腦孔雀薔薇水猛火油之屬伽南香惟此地有之價亦高貴若烏木降香供爨燎而已洪武二年入貢封為占城王賜大統曆金綺永樂七年遣太監鄭和詔諭諸番其酋長首戴三山金冠身披錦花手巾四腕俱貫金鐲足穿玳瑁履腰束八寶裝帶如金剛狀擁象郊迎復通朝貢正德五年遣給事中李貫行人劉廷瑞齎冊往封上元夜宴作樂爇沉檀火樹高燃鑾

姫旋舞亦足賞也嘉靖年再至使回令廣東布政司管待以示寵異焉

西洋

西洋在海西南與僧迦密邇自錫蘭山放洋順颷利船十晝夜可抵其國當巨海之要嶼乃諸番總會之區也其俗傍海為市聚貨通商貿易以金銀為錢以絹叚青花白磁器燒珠水銀為貨男子髡首穿長衫頭纏白布婦人素足穿短衫腰圍色布兩耳懸金墜絡索

數枚其項上珍珠寶石珊瑚連掛纓絡四腕貫金鐲手足指皆帶金鑲嵌寶戒指髻垂腦後容白髮黑與中國婦女不殊氣候常熱風俗近古尚信義行者讓路道不拾遺以葫蘆為樂器紅銅絲為絃歌聲相協鏗鏘可聽刑無鞭笞輕斷手足重則誅其人沒其產其酋長好浮屠建寺範金為佛敬象牛飲其乳不食其肉煆牛糞為囊佩之每朝仍水調抹額及股而禮佛民皆屋居粒食山多地瘠稻穀薄

收宜麥多駿馬入山而樵涉水而漁各贍生
業善織綿布獨幅既濶且長瑩潔如紙中國
亦頗重之土産蘇木胡椒薔薇露波羅蜜印
花被手巾各貯之以待商販若珊瑚琥珀珍
珠金寶諸種異香皆来自別國雖非所産而
市舶羅列爍然溢目足稱富饒故今稱富商
大賈必曰下西洋来云洪武初通貢中國永
樂七年遣太監鄭和詔諭諸番賜王誥命錦
綺有錫蘭山國頭目不共謀害舟師鄭和潛

備先發擒其王獻俘闕下詔赦還國由是西洋諸夷無不感服向化累朝貢獻方物使回廣東布政司遵會典以管待焉

真臘

真臘一名占臘故扶南屬國在東海中隋時始通中國唐貞觀初并扶南而自立宋宣和時封為真臘王自東莞縣放洋經交趾占城過崑崙洋乃其國都也城周可二十里立五門東向為上右手為懸王居環列橋路獅象

說其地
最熱富貴
家各有浴
池日三四
浴[illegible]貧
者三五家
池男女
同浴不耻
也至[illegible]城
好大河日
有男女數
日脫衣岸
上下河同
浴有水中作
音不禁

皆以金為之極其壯麗諺云富貴真臘以此其内中一金塔王寢其上官民房舍服飾器用各有等差亦有文字俗重僧教以事天誦經呪王衣純花布首戴金冠如金剛狀項掛珍珠索手足皆貫金鐲鈸以猫睛寶石出則手持寶劒幡幢象馬擁衛甚盛三日一視事捲簾作樂亦如王者之儀以下男女皆椎髻袒裼以布圍腰出加大布一條為飾民色甚黑至宮人大家女其白如玉身嘗塗以香藥婚

也浴畢各
佛婦女着
而溺者
可笑也

娶尚耆女未滿十歲必先擇僧道陣毯破其童身取朱點額然後人争娶之其俗以十月為歲首張燈燃火樹四月抛毬五月迎佛七月燒稻八月揆藍聚伎樂舞九月壓獵聚衆教閱王亦出觀與民同樂刑法小事罰金重則引因生瘞實之土石其次則斮趾劓鼻姦賭不禁故婦女多淫破身早故顏色易謝死喪王以塔葬餘則褁以布蒿舁之郊外今亦漸知焚化父毋無服制男髠首女人薙顱門髮為孝過則蓄髮

如初天熱土饒不宜菽麥視力耕種稻可數
收貿易多婦人以金銀爲尚縑帛次之得中
國針梳鍋蓆磁漆等器甚貴之若犀象翠毛
孔雀香寶藥材其產也洪武六年表獻方物
賜大統曆文綺二十年遣使貢象景泰二年
王卒妻子來朝使回令廣東布政司管待以
示柔遠之義云

暹羅

暹羅本暹與羅斛二國在南海中元至正間

暹降羅斛合而為一故曰暹羅自東莞縣放洋歷占城向西南行七晝夜入暹羅港少進為一關再進為二關即國都也群山環繞峭核崎嶇地土沮洳氣候嵐熱無城郭王宮據大嶼稍如中國殿宇之制覆以錫瓦頗為壯麗貴者樓居各夷散處水棚版閣蔭以茭草習尚侵掠人皆髡首煮海為鹽其國右僧凡王子習梵字梵禮皆從貴僧用刑輕則皮鞭差重斷足十趾再重斷手十指罪至殊死者

說暹羅富貴男子自幼嵌珠貝金玉於陰必如此貧家亦競尚之不則衆以貧賤目之女子未嫁之先必延僧取其元紅點於婿額上爲吉

腰斬或以象蹂之貴僧祈請宥爲僧奴建巳月始作農事建酉月禾乃登賦役皆薄男女先私媾而後聘婚婦人多智慧諸事皆令決之刺繡織絍工於中國能釀秫爲酒故暹酒甲於諸夷婦飾必以諸香澤其體髮日夕三四浴與中國人私不禁喪禮富者灌水銀養屍以葬民間舉屍筏浮於海迎僧呪群大鳥食之頃刻而盡謂之鳥葬其産多寶石片腦翡翠犀象珊瑚玳瑁六足龜銅鼓貿易用海

販故民豪富諸國異產奇貨輻輳其地匠藝工緻蕨寶指環時至中國一枚可直數金地廣兵強好習水戰嘗侵掠占臘而私其貢賦以不繫中國置不問焉洪武四年始來朝貢永樂十五年復貢方物賜烈女傳金綺量衡宣德中稍減賜物著為令使囬令廣東布政司管待以送之

滿刺加

滿刺加在南海中不通中國其初隷暹羅歲

輸金四千兩後奉我正朔始建碑開國不屬
焉自東莞縣放洋至崑崙收龍牙門港二日
程至其國為諸夷輻輳之地亦海上一小都
會也王居僭擬殿宇以錫箔為飾俗尚醇樸
教習田畝男女皆椎髻黑膚淘錫網魚為業
屋如樓閣而不鋪板用木高低層布床榻廚
厠俱在其上文字皆梵書貿易以錫地瘠不
産五穀米稀皆暹羅所貿鬻禁食豕肉富夷
以酥酪和飯而啖雞犬鵝鶩常仰販於他國

故一物之價五倍於華民性獷暴重然諾鈀
鑯不離頃刻稍忤即戳刃其胸死刃者逃匿
不復尋讎貧者頗事剽掠舶商假館主者必
遣女奴服役少不知戒腰纏悉為所有矣婚
嫁論財婦女以夜為市過二鼓遇邏徼姑郎
伽啷即執而戮之輕刑鞭撻罪至死者斷木
為高椿而銳其末貫因大孔輾轉洞腹而死
喪事民間火化富者以樟腦實棺中焚之土
產犀象玳瑁冰片腦鶴頂紅薔薇露之屬

嘗侵掠爪哇正德中被佛朗機侃殺王退休陂隄兵去復國永樂三年始通貢七年冊封為王賜銀印袍服九年王卒妻子來朝至正統間封貢不絕成化末遣給事中林榮行人黄乾亨往封溺海自是不通舟貢使由廣東布政司餞之遵會典也

蘇門答剌

蘇門答剌即古蘇文達那在南海中自東莞縣開洋至滿剌加復向西南行順風九晝夜

可抵其國東南大山西北距海商賈輳集之地西洋之要會也國無城郭有大溪入海海口波濤瀽湧常至覆舟風俗淳厚言語和柔室廬婚喪刑罰俱與滿剌加同男子髮纏白布腰圍稍布婦人椎髻裸體腰圍色帨手巾天氣常熱粒食亦鮮田瘠五穀少收地産胡椒附樹蔓生纍纍如櫻櫚子而小巨室一家有積至數千百斛以待商販民間以網魚為業朝駕獨木船張帆出海日暮乃回煑海為

鹽釀茭樟子為酒以金錫為錢貨用青白磁器銅鐵絹布之屬商舶往来財貨充牣頗為富饒然非所產貿易指天為約即千百鏹不立文字終不敢負惟酋長好殺每殺人取血浴身謂之通身是膽蓋夷性獷悍俗使然也洪武中遣使朝貢永樂三年冊為蘇答剌王已而與花面王戰死子弱不能報其妻令於國曰能復此讎者我以為夫有漁翁如其言遂從為偶無何有故王假子殺漁翁其子奔

哨山時時互相讎殺十一年太監鄭和至其
國紿擒假王子械京伏法立其子蘇幹利為
王感再造之恩累朝貢獻方物廣東布政司
於貢使皿管待如列國儀

三佛齊

三佛齊即舊港又名浡淋初隸爪哇在東南
海中多以蒲為姓盖南蠻之别種也自東莞
縣開洋先至爪哇復向南行順風八晝夜可
抵其國地有十五州東距爪哇西距滿剌加

南距大山西北濵海田土膏腴宜稼穡古云一年種穀三年生金言穀盛而貿金多也人好賭博習水戰服藥刀箭不能傷臨敵敢死以此雄於海上鄰國畏之其處水多土少將領陸居周遭皆僕從環住民多架筏水中蓋屋其上以木樁拴閘水長則浮不能淹沒或欲他徙起樁連屋而去不勞餘力番舶輻輳半為閩廣人市用錢布字用梵書一互市而金寶錯陳稻米狼戾足稱富饒他國未有其

餘語音服食刑罰婚喪種種與爪哇同盖夷俗使然不甚相遠也洪武來累遣朝貢詔賜大統曆錦綺三佛齊王印國王感激非常會有廣東亡命陳祖義避難其國久之得為將領永樂十三年太監鄭和統海舶下西洋至三佛齊國祖義欲犯我舟師鄭和潜伏擒殪之由是薄海内外罔不震疊地産鶴頂火鷄神鹿水晶珊瑚瑠璃龍腦犀象猫睛石薔薇水之屬鶴頂鳥大于鴨腦骨厚寸餘外黄内

佛经三千六百餘卷惜不得傳之中華其人讀盡三千藏经能

赤鮮明可愛火鷄大于鶴而頭足亦似鶴歟
紅冠鋭嘴毛如青羊色爪甚利傷人腹致死
食炭神鹿大如巨象高可丈餘短毛豕喙蹄
三哈皆物之異者故特表之貢使回廣東布
政司管待以華其行

囬囬

囬囬即默德那國地接天方王生而聖靈臣
服西域諸國諸國翕然敬事之傳有佛經三
十藏凡三千六百餘卷字兼篆草楷三體能

呼風喚雨知天地之盈歷高下四海之方隅醫弄方技無不精妙信學有奇書可憑也更有煉汞之術其銀用之不盡

習陰陽星律醫禱諸技靡不精究而收奇功又善鑒識每於賈胡海市中廉得奇貨故今稱識寶者必曰回回其教專以事天為本自隋開皇中始入中國至今流衍四方其國寒暑應候土脉膏腴有城池宮室田園市肆大類江淮間民物阜蕃衣服整潔人皆窅目胡鼻以白布纏頭不問可知為色目中人以蜜為酒以牛為菜好歌舞為樂男女自相嫁娶不與俗家連姻夫婦好合詰朝必取水淋沐

再三雖天寒不免人知重五穀亦有牛羊雞鶩非自殺不食惟不食豕肉相傳其始自驢家交構而生故累世不敢更易一或破戒非病即災矣其種散居海内出外不挾行資隨所至必飲食之到處建禮拜寺為祝釐受戒之所亦頗宏厰壯麗遇節香花供養燃燈誦經無禁也親死用布囊屍入棺鼓樂導送至墳抽去棺底以土掩屍妻子每至以水潑之祈速朽為孝蓋習于墨氏之流以薄為道者

地產織文雕鏤器皿，極其精巧，餘皆與西洋國同。宣德中遣使貢獻方物，使回廣東布政司管待，今附舶香山濠鏡澳貿易。

錫蘭山

錫蘭山國，古狼牙須也，在西洋大海中，與柯枝國對峙，自蘇門答剌順風駛舶，十二晝夜可抵。其國相傳釋迦從翠藍嶼來登此山，猶存足跡，山下有寺，貯釋迦涅槃真身側卧，及舍利子，故其俗尚釋，重象牛，煆牛糞灰塗體

飲牛乳而不食其肉殺牛者罪死王宮民居
旦必調牛糞塗地而禮佛其民上裸下纏帨
加壓腰去鬚鬢留髮以布纏之女人椎髻于
後下縈白布飲食不令人見其氣候常熱宜
稻不宜麥市用金錢重麝香綺絹青磁等器
海洲有珠池日映光浮起閃閃射日間歲一
淘珠諸番賈争來市販地廣人稠貨物多聚
亜于瓜哇亦富饒之國也其產青紅黃鴉鶻
石水晶珊瑚金戒指西洋布諸香之屬永樂

七年、遣太監鄭和等齎詔勅持金銀供器綵裝織金寶幡施于寺及建石碑其王負固不恭、和即潛備生擒歸獻闕下、上釋而遣之命擇其支屬賢者封為錫蘭國王、後又遜位十四年遣使貢獻方物正統天順間猶来朝貢使由廣東布政司管待令附舶香山濠鏡澳貿易

浡泥

浡泥本闍婆屬國在西南海中統一十四州、

俗以板為城以銅鑄甲煑海為鹽釀秫為酒
喪葬有棺飲食無器室宇弘敞田原豐利習
尚奢侈愛敬華人王服頗效中國之製產片
腦諸香象牙吉貝玳瑁鶴頂洪武四年遣使
朝貢永樂三年冊為浡泥國王六年王率妻
子來朝表獻方物賜宴奉天門賞賚有差是
年王卒會同館謚恭順葬石子岡樹碑祠祭
冊其子遐旺嗣為王封其國後山賜名長寧
鎮國上為文刻石遣使送歸每貢使回廣東

布政司管待令附船香山濠鏡澳貿易、

彭亨

彭亨、在東南海中、左暹羅循其道可至、其國石崖周匝崎嶇、遠望如寨、内多平原、禽獸稀少、草木蕃茂、土沃宜稼穡、氣候常温、尤饒蔬果、人皆粒食、好誦佛經、上下親狎、恥為寇盗、煑海為鹽、釀椰為酒、男婦椎髻、繫単裙、富家女子、金圈四五餙于頂髮、其餘玉色燒珠穿圈而已、其俗尚怪、刻香木為人、殺人血祭禱

以祈福禳災此其夷風也洪武十一年遣使朝貢賜以綵幣永樂十二年復獻方物地産片腦諸香花錫使回廣東布政司管待令附舶香山濠鏡澳貿易

百花

百花在海之東南依山爲國天氣常煖如春無霜雪國多奇花嘉樹四時不凋蒼茂葱欝以故得名民俗富饒尚釋教産紅猴龜筒玳瑁孔雀胡椒又有倒掛鳥形如雀而羽五色

日焚好香則收而藏之羽翼間夜則張翼倒掛以舒香氣令絪氳滿室芬芳襲人亦珍禽也洪武十一年遣使朝貢賜以錦綺使回廣東布政司管待令附舶香山濠鏡澳貿易

呂宋

呂宋在海之西南其風俗服食婚姻與佛朗機大同小異國小而產黃金人勤而稱富庶且質朴不喜争訟交易不立契書身衣衫褌足穿皮屨出入佩刀自衛時常禮佛誦經犀

角象牙、珊瑚、珠貝、諸香品料、其方物也、永樂三年遣使朝貢、賜以文綺、使回、廣東布政司管待、今附舶香山濠鏡澳貿易、

天竺

天竺、即古身毒國、有五天竺、在海之西南、距中國遠甚、人多奉佛為僧、不茹葷、不殺生、每七日一禮拜天、食輒誦經、食已復誦、謂謝天也、王與大臣服錦罽、為螺髻于頂、餘髮剪之使垂、蓄有聲伎、宣唱梵音、鐃鈸、鈴螺雜然並

奏以為樂男子髡首穿耳懸鐺跣足服色尚白製如袈裟敬禮人極必舐足摩踵而後致詞有字文無簿籍以瞿曇為學以貝葉為書以慈悲廣大為心以貪嗔婬佚為戒雖有刀箭甲兵怯於戰鬬工天文星曆之數善沉湎幻化之術貿易用貝國有宴會恐酒亂性以薔薇露和蜜水飲之左右前後坐卧器皿各置天主為惺惺法其一念精專行亦苦矣地產獅象珊瑚珠璣瑯玕金罽白氎毹㲪之屬

其所尚者二曰火齊如雲母而色紫裂之則薄如蟬翼積之則如紗縠重疊一曰金剛色似紫石英可以切玉亦奇種也先是嶺南香山有澳曰濠鏡為諸番互市之地夷商雜處財貨充溢其勢必至于爭殺夷性嗜利尤易信也天竺僧自彼國渡海遠來歷三年始達濠鏡諸夷信其法遂奉之以要束諸夷諸夷事之惟謹不敢或違固林於輪迴果報之說乃僧之戒行亦足動人哉以不通朝貢故廣

東布政司不列管待盖來不拒去不追王德之體然也

咭吟

咭吟小國也居海島中不通朝貢其人以白布纏頭身穿白小袖長衣食多牛羊鷄魚以手不用匙箸惟不食家肉見華人食者輙惡之謂其猒穢也地產胡椒蘇木荳蔻象牙時附舶香山濠鏡澳貿易

茸坡寨

丼坡。寨小國也。居海島中。不通朝貢。其人飲食。用蕉葉裝盛。以手撮食。婚姻不論同姓。苟合者多。酋長死。妻妾皆以殉葬。地產降真荳蔻象牙犀角。時附船香山濠。鏡澳貿易。

順嗒

順嗒。小國也。居海島中。不通朝貢。其人醜而黑。以布帛為衣。飲食生熟相半。婚姻不論貴賤。意合則從。地產胡椒。象牙。丁香。荳蔻。時附船香山濠。鏡澳貿易。

爪哇

爪哇即古闍婆國又名莆家龍元稱爪哇在海東南自東莞縣開洋至占城由占城順風二十晝夜即至其國也王城磚甃高踰三丈方三十餘里宮宇高四丈地鋪板蒙以藤花蓆頗為宏麗民居編茭樟葉以覆王蓬首頂金葉冠冑索其縧帨腰束錦綺佩短刀跣足跨象或乘牛其國地廣人稠甲兵為東洋諸夷之最男女黝色猱頭椎髻上衣長衫下帨

直纏至膝坐卧無椅榻飲食不用匙箸以木
葉手盛撮食凡蟻蚓蛇虫蠕動之物無不啖
之不為穢也釀椰為酒列行為市貿易用銀
葉錢量衡倍于中國婚姻無媒妁納黄金于
女家即迎之金皷刀盾珠餙寶裝前後甚都
夫死其妻不顧而去未旬日適人矣土人有
名無姓醖酒信巫輕生好闘出入必佩匕首
極其精巧一語不合即挾匕相刺刑無鞭朴
罪不問輕重以藤縶刃戮之喪有水葬火葬

犬葬惟死者所欲主翁死婢妾皆簪花送屍海濱畀群犬食盡為喜不則哭泣悲號環坐積薪縱火自焚死蓋狗葬之遺也村埠多西番賈胡閩廣流寓曰杜板曰新村曰蘇魯馬益各千餘家服食頗索番舶至此互市金寶充溢米穀豐盛商旅輳集道不拾遺他國未有洪武初遣使朝貢巳而我使至三佛齊爪哇要而殺之詔諭切責絕其貢使永樂七年遣太監鄭和詔諭諸夷復來通貢給銀印賞

賚有差。正統八年、定三年一貢、著為令。土産金珠、瑪瑙、犀象、玳瑁、猫睛、鴉鶻石、倒掛鳥、紅白鸚鵡之屬。使回、令廣東布政司管待、以示柔遠焉。

佛朗機

佛朗機。在海西南。以不通中國。未詳何種。與滿剌加同道。循之。可至其國。民多富饒。巨室一家胡椒有至數百斛。犀角象牙珠貝香品蓄貯無筭。其俗不尚鬼信佛喜誦經每六日一禮拜佛先三日食魚為齋至禮拜日則雞豬牛羊不忌國人髡首貴者戴冠賤者頂笠見尊者撤去之為敬薙髭鬚貌類中國上著衫腰穿長袴下垂至脛足有皮履衣服極潔用瑣袱西洋布瑣哈喇或中國絲綿紬段為之顏色惟意手持一紅杖而行其他則否飲食不用匙箸富者食麵貧與奴僕食米婚娶論財無媒妁家世相敵即詣佛前相配以一僧為證謂之交印娶婦歸男聘以十四貴

女之奩資常數倍奴田有五六房者故外家非千金不以嫁女構木爲居設舶爲市牙儈交易搦栢節以示數千金貿易不立文字指天爲約卒無敢負相會則交捫其心誤捫其首則勃然忿爭罵詈止及其身雖甚辱不校若罵子孫及其父祖罵奴及其家長輒以死鬭故傭奴以士著爲上爲其能扞主也貧民頗事剽掠獨客過殺而奪其貨邏巡徼官執而戮之王亦不詰人積家財臨死時遺囑若

十與妻孥若干捨入廟悉如其言若無囑書即一半付子二一半歸王無有競者大都夷性兇狡嗜利善製火銃一發中人無不立死名曰佛郎機中國倣其製以禦敵正德間假作貢獻來至近廣恃火銃設柵自固擄嬰孩烹食之守臣率水兵攻之乃遁又與滿剌加互市爭鬪恨其囚執啣嗟歸愬治兵突至滿剌加大被殺掠整衆滿載而歸其產有犀象珊瑚眼鏡瑣袱天鵝絨瑣哈喇蘇合襍段之屬

入明来以不預朝貢故廣東布政司亦無管
待蓋踈而不覲聖王制馭蠻夷之道如此

日本

日本即倭奴在東南海中世以王為姓地分
五畿七道三島倭王最為雄長居邪馬臺歷
漢以来皆朝貢唐咸亨初悪倭名更號日本
其俗男子魁頭斷髪黥面文身裙襦横結不
施縫綴女人衣如單被貫其首而穿之以丹
塗身為飾如中國之傅粉也飲食手摶見人

以蹲踞為敬人死有棺無槨親喪不飲酒食肉戚屬臨屍以歌舞為樂既葬則群浴於河以祓除不祥婚姻不娶同姓婦入夫家必先跨火然後相見惟會同男女雜亂無別其人耆酒信巫輕生好殺性貪且譎惟以劫掠為生刀劍弓矢極其犀利裸身赴鬪慣舞双刀輕儇跳躍能以寡勝衆至刼營設伏華人每墮其術中其王自謂泰伯之後以天為兄以日為弟稍通華音知文字唐時有黠夷入中

國不識葵花或紿之曰一丈紅即口占曰花
如木槿花相似葉比芙蓉葉一般五尺欄干
遮不盡還留一半與人看亦有風趣國初雖
來朝貢其實暗通奸人胡惟庸謀為不軌
太祖貽訓絕其貢使改市舶于粵東召信國公
湯和等築登萊浙直閩廣衛城抽兵戍守其
慮深矣永樂二年遣使貢獻冊為日本國王
自後宣德弘治間隨貢隨掠嘉靖中徽人王
直誘之入寇十餘年沿海一帶二十六郡被

其荼毒較之正統時大嵩桃渚之禍尤烈後總督胡宗憲計擒王直漸次剿平浙西江東稍稍始息至今横行海上飄忽千里出沒不常即島夷無不畏之春秋二汛常為戒嚴地產金銀水晶琥珀珠玉螺鈿倭屛倭扇犀象之屬人得中國絲綿錦綺磁器針線等物喜不自勝以不許通貢故廣東布政司亦無管待蓋思患預防以示外而不内之意云

黒鬼

黑鬼即黑番鬼號曰鬼奴言語嗜慾不通性慤無他腸能扞主其色如墨目圓髮鬈而黄有牝牡生海島中食生物腥穢與以人肉生啗之火食則洞泄過此則易畜矣絶有力一人可負數百觔臨敵不畏死入水可經一二日嘗見將官買以衛鋒其直頗厚配以華婦生子亦黑父畜能曉人言而自不能言爲諸夷所役使如中國之奴僕也或曰猛過白番鬼云

嶺海異聞

狁音寵

狁人屬出於暹羅之崛巃短小精悍圓目而黃睛性絕專慤不識金帛木食如猿猱古樾蒙密者率數十巢蓋舉族所聚也語咿嚶不可辯山居夷獠每諳其性常馴擾以備驅使蒙以敝絮食以鯆音鵖鮻音貝夷言小鹹魚可治痢疾下顆粒即愈服之忌醋犯則絕腸矣飲以漓酒即躍然喜似謂得所主者舉族受役至死不避維歷世不更他姓

嘗後以採片腦鶴頂皆如期而獲其山多犀象至者利其齒角授以毒鏢銃挾以歸遇犀或象輒往刺之升木而匿犀象或怒且索毋得也移刻毒發而殪銃乃群聚吽嘯若誇其捷者相戒聚以守經月犀象且腐所遺如牙如角齒則負以數銃角乃一銃肩之以輸其主遇奪他姓亦至死弗畀也舶人編竹為籠紆深其制置所必由之徑機而取之以獻於夷王王大愛玩酬以蘇方木至數千斤猶衣

旣以番錦飼以嘉實置之爽塏旣以非其主終不附也然稍近煙火淚目死爾

象

象嗜稼凡引類于田必次畝而食不亂蹂也未旬即數頃盡矣島夷以豵豚縛籠中懸諸深樹豵豚被縛喔喔不絕聲象聞而怖又引類而遁不敢近稼矣夫體巨而力強者物莫象若佛書言菩薩之力譬如龍象是匹龍也豵豚之聲乃怖而遁之島夷之術奇矣象足骨直

無鼠曲鬣髯隨四時周流四腿鼻端有爪可
拾針耳後有穴薄如鼓皮、一刺而斃認其子
之皮則淺惟
牙為世所用

海犀

海犀間出海上類野兕而額鼻有角與陸犀
同所遊止處水為分裂夜則淵面白光熒熒
此其異也島夷以是候之然竟無獲者遂為
希世之物矣舊說温嶠燃犀照水神怪莫遯
晉書温嶠傳嶠還武昌至牛渚磯水深不可
測世云其下多怪物嶠遂燬犀角而照之須
臾見水族覆火奇形異狀或乘馬車著赤衣
者嶠其夜夢人謂己曰與君幽明道別何意

相照也意甚惡之後以齒疾終即其角也錢昊寶庫有水犀
帶一具國亡流落人間不知所終云又野犀
有名通天者角表夜光如炬亦奇物也續夷堅志
凡犀角遇山川日月草木隨寓成影一月與魚
筆犀是常有獨宋韓魏公犀帶中央一片乃
鹿啣花已是絶奇宋孝宗居德壽宮光宗上
壽以萬緡賂海商得犀角一片是南極老人
星像所扶杖稍短類泣杖或以為不祥之物
遂却之今具星像者絶不可見鹿啣花則貴
家尚有之又廣州志犀角有烏犀花犀通天
犀復通犀花犀者白地黑花通天犀黑地白
花復通犀則通天犀白花中復有黑花此皆
希世之寶也故宋仁宗以通天犀帶賜寇
萊公萊公竟待以瞑目不為不重矣其辟寒
犀駭鷄犀則傳聞亦罕開元天寶遺事開元

二年冬至交趾國進犀一株色黄如金使者請以金盤置於殿中温温然有暖氣襲人上問其故使者曰此辟寒犀也上甚悦厚賜之（開元交趾辟寒犀）

海馬

海馬色赤黄高者八九尺逸如飛龍山食而宅海蓋龍種也東南島夷老於泛海者間一見云昔人有得巨獸骨者以問沙門贊寧贊寧宋初僧為寺主太祖至寺行香問曰朕見佛拜是不拜是曰見在佛不拜過去佛大合帝意遂為定禮贊寧曰是為海馬骨水火俱不能毁惟漚以糟腐即爛矣試之果然前代緇流傳

雅乃爾則名為大儒者其可及哉外一補[illegible]藥亦名海馬異物志云生西海大小如守宮蟲形似馬或云乃石形似馬者竊恐初為生物遇泥沙衝漬久漸成石如石蟹本生蟹所成耳以海馬有二名故著之

海驢

海驢多出東海狀如驢船賈有得其皮者毛長二寸許晴則毿毿下垂陰則氅綵整整也或以制卧裀善人御之竟夕安寢不善人枕藉[illegible]乃數驚矣島夷詫其靈不敢蓄也

[illegible]海狗

海狗純黃形如狗大乃如貓嘗群遊背風沙中遥見船行則沒海漁以技獲之蓋利其腎也方書或謂骸狗腎謂以此物置之卧犬之側則驚駭而奔醫工以爲即膃肭臍云桉本草膃肭出西戎豕首魚尾而二足圖經云黄毛三莖一竅恐别種也

猭獖

猭獖或作俱有白有黑有黄有狸狀酷類貓而大亦高足而結尾捕鼠撓於貓也諸國皆產惟暹羅者良舶賈挾至廣州常猫見而避之

豪家每十金易之一云

海鼠

海鼠大如豕重亦百觔目正赤然猶畏猫或獻於夷酋畜之別囿遇獴獱噬其目死焉海鮎魚每涉沙際佯不動海鼠以為彼失水且死噬其尾鮎轉首嚙之從水去

海鷗

海鷗似鵝而大不識人船過嘗集人肩頂人輒捕而烹之傳曰海上之人有好鷗鳥者每旦從鷗遊至者百數其父曰取來吾玩明日之海上鷗舞而不下此似寓言之意也○晉書張華傳人有得巨鳥毛長三

丈者問之華華愀然曰此海鳧毛也出則世將亂予以鷗鳧類近附之

海鷄

海鷄毛色如家鷄惟雙足鱉類爾（海濱居民鷄栖于野每與異種交接伏雛多有異狀者）

海鶴

海鶴大者脩項五尺許翅足稱是吞常鳥如餤魚鱔成化間有至漳州者漳人射殺之復有以頂貨者類淘河而銳咮（淘河即鵜鶘亦名逃河詩云維鵜在梁不濡其咮是也）雄大雌乃畧小晝啄于海蒼宿

巖谷間島夷豫以小鏢付𢓡月夕則伏於鶴常宿所擇其大者而刺之平旦有獲五六頭者島夷乃剝其頂售于舶賈比至閩廣價等金玉海鶴頂亦可製帶眞者極貴重但僞售者多甚難辯耳記云海上之鶴千歲爲玄或云鶴有玄黄白蒼不等而白者最良堪入藥穆天子傳云天子至巨搜二氏獻白鶴之血以飲天子注云血益人氣力蓋不特可充玩好而已

海鸚哥

海鸚哥黑喙綠羽足亦鷙也若禽類則亦有眞鸚鵡具五色者間以充貢

海鷲

海鷲小如鳩春囬巢於古巖危壁葺壘乃白海菜也島夷伺其秋去以脩竿接鏟取而鬻之謂之海鷲窩隨舶至廣貴家宴品珍之其價翔矣海旁俱沙磧無淤泥海菜脂瑩軟膩鷲以營巢綢繆日久味加於本菜洗濯時尚有鷲毛粘著其上也

火鷄山鳳

火鷄出滿剌加山谷大如鶴多紫赤色能食火澤州英鷄能食碎石子西夷駝鳥能食生鐵物性之異如此吐氣亦煙

餤也凡鷄類多能吐氣記云錦鷄吐綬五彩成文爛然可愛瞬息漸收入口矣如鵝胎殼厚踰重錢或斑或白島夷採為飲盞見者多珍奇之山鳳喙首如鶴頂足率七八尺翅翮過之能吞衆鳥敵人而啄其腦若刀斧然子大如椰瓢近時暹羅哪嗟裌一以餉盤樣悅之倩巧匠裁為酤飥市井誇謂僅見也夫明王之世不貴異物而杜淫巧此何為者哉

海鯊

鯊有二種魚麗之鯊蓋閩廣江漢之常産海鯊虎頭鯊體黑紋鱉足巨者餘二百斤以春晦陟於海山之麓旬日而化為虎惟四足難化經月乃成矣或曰虎紋直而踈且長者鯊化也炳炳成章者常虎也本草云沙魚出南海形如鼈無足而有尾山海經云可以飾劍廣中亦有沙魚其皮可以磨器及作劍室又傳云魚虎背有刺皮如蝟頭如虎生南海海亦有變為虎者此疑同類異名但不云有足草木子曰鮮魚皆卵生獨海鯊胎生故為魚也最巨

海鼉

海龜鷹首鷹吻大者方徑丈餘春夏之交游卵於沙際島夷遇而捕之輒垂淚歔氣如人遭困厄然或諭之曰汝再垂淚歔氣當解汝縛龜便應聲潛然鳴若哀牛島夷舁至海濱釋之龜比入水引頸三躍若感謝狀而逝晋書毛寶傳寶在武昌軍人有於市買得一白龜長四五寸養之漸大放諸江邾城之敗養龜人被鎧持矛自投於水中如覺墮一石上視之乃先所養白龜長五六尺送至東岸遂得免焉○富春志孫權時永康樵人入山得大龜名元緒將獻之吳王夜泊舟於越石里桑木下中夜聞木呼曰勞乎元緒何事乃爾龜曰遊不擇時為人拘縶木曰將乜烹耶處

曰鏟盡南山之木不能爛我木曰諸葛元遜博物之士也爾至則禍必及我王既得龜烹之積薪萬束莫能爛諸葛元遜果入曰宜用老桑木煮之樵人因言越石所聞之語王伐木煮之立爛云。夷堅續志楊安撫炎正與其弟夢信皆以世科官至安撫家蓄一龜大二尺餘作龜室于堂奥每日餉以飯或餅餌之屬二楊偶有除擢或有他善小跳躍而出若有凶事則出而淚下夫載籍所記龜者多矣即此數事其性之超悟特為夐絶盖非獨海龜為然也記曰龍鳳龜麟謂之四靈又曰守以靈龜是故龜不物矣

海鰉

鰉有二種常鰉類鱘魚而小河海皆產也海鰉身首差短歲二八月群至數百攤於沙矣

移時化爲鳥俗呼火鳩是也海濱居民候其上也謀而鷸之化者纔十五鱗鬣全不開者不全化矣居人羞者市者瀕海皆足即所謂鷹化爲鳩雀入大水爲蛤者也大抵造物變化無窮曆不盡載耳晉書張華傳武庫雉雛旁有蛇蛻宋楊文公談苑鄱下盛賣鶉是月絶無蛙聲凡此類也惟段成式所記補闕張周見壁上瓜子化爲白魚徐聞陳司訓見一榕葉墜地轉動不已拾之半化爲蜻蜓古今所傳耳目所受不可殫述矣

海鰌

海鰌長者亘百餘里牡蠣聚族其背廣袤之

積崇十許丈鰌負以遊鰌背平水即牡蠣峰屹水面如山矣船猝遇之如當其首輙震以銃砲鰌驚徐徐而沒猶漩渦數里船顛頓久之乃定入始有更生之賀蓋觀甚奇而災甚切也瓊州舊誌趙忠簡公鼎謫吉陽軍即今崖州雷州守臣走使泛海通問使者晨望極遠處隱隱如十里紅旗出沒疑為番寇桅示舟子舟子搖手戒勿語乃披髮持刃割舌血滴水中食頃方不見問之曰此海鰌也無數紅旗者背翅耳此舟幾為所壞矣乃舉酒相慶吁水物之害有如是乎披髮裂舌蓋厭禳之誌云此魚長或千里

鰻鱺

鰻鱺大者身徑如磨盤長丈六七尺鎗嘴鋸齒遇人輒鬪數十為隊常隨盛潮陵山而草食所經之路漸如溝澗夜則鹹涎發光舶人以是知為鰻鱺所集也然灰厚布所開路執鏢戟諸器群譟而前鰻鱺循路而遁遇灰體澁不可竄移時乃圍舶人恣殺之皮厚近寸食之美於肉也（圖經云鰻鱺似鱓是鮫鯊之類海鰻最大予嘗見釣獲者形甚可畏亦堪入藥如稽神録所載活劳疾婦人功用非小猶不及歙州五色者為上品耳）

印魚

印魚出南海中似青魚而脩廣過之頭骨中拆如解顱之嬰顋後垂皮方徑三寸許若道巾之披餘然上有黑文儼如篆籀島夷間有獲者必珍藏之不知其何謂也

河豚

河豚出於江河者皆不盈尺海中大者如豕服雜紅黃文彩可玩常魚率順水而遊此則旋迴戲躍噴沫之聲烏鳥如訓狐服鳥也似鴞賈誼在

長沙作服賦狐作胡服或作鵩或舶人聞其聲知其下有河豚也以小絙繫乂鏢擲而獲之有重數十斤者云此河豚背有紅黃圈文腹脹者烹飪失節能殺人梅聖俞詩所謂入口生鏌鋣者也其江豚如豕形隨水上下鼻中有聲能噴水舟人以占風雨今楊子江多有之許渾詩所謂江豚吹浪夜還風是也海亦多此種其形更大味如水牛而腥本草謂為江豘海豘即此也

鯼鮢

海鯼鮢巨若丈二車輪文具五色非大山深谷不伏也遊絲𨂝中牢若絙纜晨輝照耀光

燄煒煒虎豹麋鹿閭觸其網蜘蛛盃唾綵如縞霞纏糾卒不可脫俟其斃腐乃就食之舶人欲樵蘇者率百十其徒束炬而往遇綵輒燃紅遍山谷如設庭燎蜘蛛潛愈遂寮惟恐其及也或云取其皮為履不航而涉豈其然歟陶隱居云蜘蛛有數十種今觀爾雅所載止八種耳皆無所謂海蜘蛛方書云凡五色者不入藥則知具五色者海內俱有之但不及海外者為極大耳埤雅曰蜘蛛義者也然則海蜘蛛其專大巧而竊物權者乎

猛火油

猛火油樹津也一名泥油出佛打泥國大類樟腦苐能腐人肌肉燃置水中光燄愈熾蠻夷以制火器其烽甚烈帆檣樓櫓連延不止維魚鱉遇者無不燋爍也一云出高麗之東高麗亦番國即唐太宗所伐者盛夏日初出時烘石極熱則液出他物遇之即為火此未必然恐出樹津者是也

酴醿露

酴醿海國所產為盛出大西洋國者花如中

州之牡卅蠻中遇天氣凄寒零露凝結著他草木乃氷凘木戒殊無香韻惟酴醾花上瓊瑶晶瑩芬芳襲人若甘露焉夷女以澤體髮膩香經月不滅國人貯以鉛瓶行販他國暹羅尤特愛重競買略不論直隨船至廣價亦騰貴大抵用資香奩之餙耳五代時與猛火油俱充貢謂薔薇水云晉書賈謐傳外國貢異香著人則經月不歇武帝甚貴之惟以賜侍中賈充及大司農陳騫海外諸香木雖芬烈然不甚著人亦罙經久據所云知即此香也

片腦

片腦産暹羅諸國惟佛打泥者為上其樹高者三二丈葉如槐而小皮理類沙柳腦則其皮間凝液也好生窮谷島夷以鋸付就谷中尺斷而出剩而㨂之有大如指厚如二青錢者香味清烈瑩潔可愛謂之梅花片鬻至中國擅翔價焉復有數種亦堪入藥乃其次耳

按本草有龍腦醫家專云片腦皆以為眼科之藥蓋即一也圖經云龍腦香出婆律國今惟南海番舶賈客貨之相傳云其木高八七丈大可六七圍如積年杉木狀旁生枝

葉正圓而背白結實如荳蔻酉陽雜俎云木有肥瘦瘦者出龍腦香其香在木心波斯斷其木剪取之肥者出婆律膏其膏於木端流出斫木作坎而承之或云南海山中亦有此木唐天寶中交趾貢龍腦皆如蟬蠶之形此老木中根節方有之極為難得也今海南龍腦多用火煏成片中亦有雜偽入藥惟貴生者狀若梅花瓣甚佳也詳觀所記與圖經大同小異雖所出之處不同意海外之國俱有之總則謂之龍腦其成片如梅花者則謂之片腦耳

石蜜

凡海山巖穴野蜂窠焉釀蜜無收採者草間石罅在在泛溢粃露日久必宿蛇虺之毒船

人遭難入山者錐草木魚鰕之屬糝以胡椒熟而食之無害也肬渴石蜜以為井而過食必大霍亂而死可不慎諸桐鄉摘集海外四月檳榔花盛開蜂採之率多醉死惟冬時少衰餘月皆盛方書云遠方山郡幽僻處出蜜所著巖石壁非攀緣所及惟於山頂藍轝自懸掛下遂得採取蜂去餘蜚著石鳥雀群飛來啄之盡至春蜂歸如故海上千巖萬岫四時和暖百花盛開故蜂蜜勝於他境

伽南香

香品雜出海上諸山盖香木枝柯竅露者木立死而本存者氣性皆温故為大蟻所穴蟻

食石蜜歸而遺於香中歲久漸漬木受蜜氣
結而堅潤則香成矣其香本未死蜜氣復老
者謂之生結上也木死本存蜜氣凝於枯根
潤若錫斤謂之糖結次也其稱虎斑結金絲
結者歲月既淺木蜜之氣尚未融化木性多
而香味少斯為下耳諸香惟此種不堪入藥
故本草不録廣州志云沉香有黄沉黑沉至貴者蠟沉削之則卷嚼之則柔皆樹枯其根所結伽南木乃沉之生結者大抵諸香無異種但分生死結久近粗細耳如青桂香馬蹄香棧香速香之類各有次第而伽南為上沉次之餘再次之近世士

過世有
得之大
行之内
者

夫以制帶鎊率多奏合頗若天成純全者難
得耳

辟珠

辟珠大者如指頂次如菩提子次如黍粟質
理堅重如貝辟銅鐵者銅鋏不能損辟竹木
者竹木不能損犯以他物即毀矣常附胎於
椰子檳榔果殼之實之内通謂之聖鋏一名難賓
鋏人有善鼓琴於月夜者鋏自池荷中躍出其前名為聖鋏無黍也島夷能辯
之攻以為寸寶也夫威喜辟兵抱朴子茯苓萬歲為威喜

之辟兵試以帶於鷄首雜群鷄中射之則帶者終不傷舍利拒火僧有舍利云血氣精華之所凝結火化之後炳然獨存天竺沙門僧康會對孫權曰舍利威神豈有光相而已此乃刧燒之火所不能焚金剛之杵所不能碎而此珠出於草木乃能制犀利之物無亦庶類精華之所融結邪然皆中國未之或見也所謂鍾於物而不鍾於人者茲亦一佐邪

蓬蓬柰

蓬蓬柰華言破肚子盖果實也產於暹羅之崛隴如大棗而青島夷日乾以附遠漬以沸

汁其皮自脫圓滿如大李肉潤膩如紅酥甘美可餤亦珍味云南方草木狀所載廣南菓實精美備矣海外所傳如波羅蜜石栗海梧海松子蓬蓬柰錐稱珍奇要之皆在枝圓橘柚之下惟海松子入藥極為難得○波羅蜜按隋書四夷傳百濟有異樹名婆羅婆羅酉陽雜俎唐段成式著異木篇云婆羅婆樹其實大如甕又云出波斯國呼為阿菩蟬樹長五六丈皮色青綠葉極光淨冬夏不凋無花結實從樹莖出有殼裹之數上有刺瓤至甘甜可食核大如棗一殼裹中有數百枚核味如栗崖州凡家園皆有之味甜而頗腥氣仁頗甘不如栗名獨盛矣○石栗樹與栗同但生於山石罅中花開三年方結實其殼厚而肉少其味似胡桃仁熟時或為群鸚鵡至啄食略盡故彼人極珍貴之出日南○海梧子樹似梧桐色白葉似青桐有

子如大栗肥甘可食出林邑○海松子與中國松同但結實絕大形如小栗三角肥甘香美出林邑新羅

崑屯山

山在大佛靈南凡七嶼七港是謂七門唐書廣州東南海行二百里至屯門山或疑即此山計之道里不同恐非也其旁洲嶼皆翼然環列適諸國者此其標也其山多兕犀野馬巨麕異蛇大木復平川沃壤數百頃椰樹駢生墮實彌谷冬瓜延蔓蒼藤徑寸實長三四尺大踰一圍海上無人之境產物夥頭朱崖何首烏天南星

二藥皆三倍於常品氣味自别固知有棗如瓜非誕語也糜腐若泥淖然舶欲樵蘇非百人不敢即往老估嘗鑱崖壁識嶮以示防云

分水

分水在占城之外羅海中沙嶼隱隱如門限延綿橫亘不知其幾百里巨浪柏天異於常海由馬鞍山抵舊港東注為諸番之路西注為朱崖即今瓊州府所屬大約總稱朱崖儋耳即今儋州之路天地設險以域華夷者也朱崖儋耳之境縱觀于海則見洪濤戲浪

勢如沸鼎色類藍靛遥望不極問于居民此外當為何所咲而不答嘗聞崖州老蛋云每取魚遠出界夜半畧聞鷄聲此為占城國而島夷志又云占城至崖州七日程盖海直槪天際米崖與諸番皆在海中由外羅歷大佛如浮危然地理圖所載是也

靈以至崐屯山自朔至望潮東旋而西既望至晦即西旋而東此又海中潮汐之變也惟老於檝舟者乃能察而慎之 余子華講正蒙及潮汐以余忠襄海潮圖為是盖主月之所臨潮必從之之說及遊朱崖讀王桐鄉摘集又以長短星為驗再檢嶺外錄云江浙之潮自有定候欽廉之潮則朔望大變海之潮半月東流半月西流潮之大小隨長短星不係月之盛衰始知王之說盖祖此

萬里石塘

萬里石塘在烏瀦獨瀦二洋之東陰風晦景不類人世其產多硨磲蛤蚌之屬海南人以鋸解之磨礱為硯極可珍玩本草以為玉石類者非也其鳥多鬼車九首者四三首者鬼車晦冥則飛鳴能入人室收人魂魄一名鬼鳥此鳥昔有十首一首為犬所噬今猶餘九首其一常下血滴人家則凶夜聞其飛鳴則棙狗耳猶言其畏狗也亦名九頭鳥荊楚歲時記云姑獲夜鳴聞則棙狗周禮庭氏以救日之弓救月之矢射之是也漫散海際悲號之音聒聒聞數里雖愚夫悍卒靡不慘顏沾襟者舵師脫小失勢誤落石

没數百軀皆鬼録矣

萬里長沙

萬里長沙在萬里石塘東南即西南夷之流沙河也尚書曰西被于流沙弱水出其南風沙獵獵晴日望之如盛雪船誤衝其際即膠不可脫必幸東南風勁乃免陷溺宋玉招魂篇西方之害流沙千里

鐵板沙

成化二十一年乙巳憲廟遣給事中林榮行人黃乾亨備封冊之禮以如占城官洽太

船一艘凡大船之行用小艚船一選熟於海道者數十人駕而前謂之頭領大船之後繫二小船以便樵汲且以防虞謂之快馬亦謂脚艇是役也軍民之在行者千人物貨太重而火長又昧於經路次交趾之占壁羅誤觸鐵板沙船壞二使溺焉軍民死者十九艘伴中有麥福者同七十餘人奪一脚艇棹至崖側巨浪簸蕩衆懼捨舟而登山回望大船覆處迸如席前洪濤瀾汗惟敗篋破甑出沒于

其間數百人者湮滅無跡衆皆長慟於是晝行夜伏捕蛇鼠捨草木之實而啖風雨晦冥石妖木魅千奇萬怪來侮來狎悉難名狀且已忘甲子惟視月弦望以驗時日曾未浹旬死者強半存者二十四人復已缺食二日蹣跚冥行倀入空谷谷中石窟寬坦如堂有草葉如廣之水蕉搔之根類蹲鴟而大競取以食喉間微覺苦澁餘味如葛識者曰此非惡草也第未經風日水土氣作苦澁味耳乃曝

之日中衆亦偃息石窟巳皆酣寢比寤曉皇煌煌矣遲明敲火燃草取所懸日中者煨而食之味轉香滑晨進一枚饑渴俱弭相率肆力而採頃之根裔都盡窟居二日體力完健乃人負數枚復沿水際而行俄聞谿中人語至見島夷數輩乘三小船循谿搜撈叚帛諸物有譜夷語者詢之乃交趾占城二國之交徼邏船也二船酋長聞是覆溺之餘爲之隱惻各取十二人共載以歸二國夷王謂天朝

人民館穀如禮於是占城遣人以二使來訃
廣中始知大舶汩沒守臣以聞二使均荷恤
蔭二使以死勤事聞其孫子甲科世盛朱紫相襲天之右功不為踈矣紹興毛鳥嵩題
其家輓冊有白骨已沉恩似海錦袍其桼夜如年之句又踰年二國始
具海舟資送諸人以還蓋同日達廣也逆計
阽危之日至是已二年矣麥福自言向在占
城旅次月夕夢還其家見三道士設水陸醮
聞其妻哭聲而寤福於枕上亦哭同寢詰之
語之夢無不驗鼻着次年秪家見其妻髽而

麻衣蓬几儼然夫婦相持悲喜交集詢其妻云凶問至時爲丙午六月晦初猶未信既而審然七月望始倩道流招魂而葬月夕之夢無乃是乎吁人之遊魂久數千里不既神乎

海和尚

海和尚人首鱉身足差長而無甲舟行遇者率震不利弘治初廣東督學僉憲淮陽韋彥質先生將視學瓊州陸至徐聞方登海舟比物升鷁首而蹲舉舟皆竦謂有魚腹之憂議

將檬之先生方嚴人不敢自也詰旦抵瓊留十許日試士鄰畢泛海而還若履平地後遷福建憲副考終于家語曰妖不勝德草木子邵子曰陸生之物水中必具計必有海人嘗聞之海賈云有海人出形如僧人頗小登舟而坐至則戒舟人寂然不動必須復淈水否則大風翻舟

海神

風暴浪恬島嶼晴媚倏然紅旗整整擁浪而馳迅若徹電火長即焚香長跪率衆而拜曰此海神遊也整整紅旗者夜叉隊也遇者吉

矣南海神最靈驗勅賜廟宇春秋一祭國有
大事天子為遣使進香廟舊有波羅樹一
本海中大槩魚一歲間歲來朝民間舟中所
事海神不一廣東有天妃祠亦受勅封王祭
昌化有峻靈王祠蘇子瞻謫
海南為作碑記餘不盡錄

鬼船

海船相遇火長必舉火以相物色日影向西
交三或兩帆檣樓舵首尾間缺下上敧側掠
浪衝突此舉火而彼不應者知鬼船也亟乃
披髮擲米抛紙而厭勝之遊魂為變則覆溺亡者似為鬼矣所
操之船果何所化耶未可知也

飛頭蠻

飛頭蠻亦海山中鬼物也居處嗜好與人無別夜則其首飛去順實穢物歸則身首屬而識之惟領下微痕如紅線耳暹羅島夷有娶婦得此者其夫惡之或教以俟其首去置身下地以小刀刺喉頸間項之首歸不合宛轉而死夷僧云是必素遠誓約鬼罰乃爾然予偶記小說云某人家生一子自然無首則飛頭者豈亦沴氣適然所鍾邪有人嘗言海外奇事鄉閭有納

婦者婦每夜從床前入地去飽食魚蟹而返衣猶沾濕其夫欲逐之不果後生子如常亦無他異祭酒泰泉黄公志云親見香山縣深林中有物如嬰孩而躶自藤蘿中携手魚貫而下相挽不斷見人輒笑至地而滅土人謂之赤蝦亦無所怖及閱雙槐集所載亦與此合又鹽商髙氏言僦新清遠縣山中見一小孩奔走衆逐入枯樹中以火熨之出走死視之燬如人形惟脇下多两翅耳二縣乃廣州屬邑已希異如此是知六合之中無所不有而海外神怪為多矣

人魚

人魚長四尺許體髮牝牡人也惟背有短鬣微紅耳閒出沙汭亦能媚人舶行遇者必作

法禳厭惡其為祟故也昔人有使高麗者偶
泊一港適見婦人仰卧水際顱髮蓬短手足
蠕動使者識之謂左右曰此人魚也山海經曰西海
中近列姑射山有陵魚人面人手魚身愼毋傷之令以楫扶置
水中噀波而逝

蛇異

弘治間有舶欲販於占城者舶中二十人将
即山而薪是夜舶主夢神語之曰明日漸山
須多畏壜也寤而異焉以語諸薪者或笑或

不信舶主曰第人負十許斤何礙衆從之乃乗二快馬即山山麓石潭深不可測二十人者分明而攻日影西下山聲殷殷如雷衆謂天日高晴何以有此是必有異升木而伺俄有巨蛇蜿蜒幾五里許其色正黑兩目如炬山巔奮迅而下没于潭如雷者乃觸石崩隕之聲也有蜈蚣長可七尺騰躍而逐之旋潭踆唆蜃端毒涎時時射潭內水色變如油抵暮潭面火燄高尺許舶人熟視乃自蜈蚣甲間

出夜分循山而去光燁燁燭山谷遲明下山觀之蛇踡跼死潭間衆方驩喜曰曩壇之夢實神貺也乃以藤纜聯巨鐵鉤引蛇出平野剥其皮厚如黄牛之革骨節中甕臼醃其肉殆滿船腹衆乃輟薪載蛇以回船島夷之船或過而見其皮問何從得之爲價幾何船主紿曰五十金島夷付之不較復問肉價幾何曰百金又付之不較易載將發船主謂島夷曰若何急此爲也島夷笑曰漢兒不識寶耳

是乃龍也其皮鞔鼓聲聞二十里龍皮亦可製扇開元天寶遺事元寶家有一皮扇子製作甚質每暑月宴客即以此扇子置於坐前使新水灑之颯颯然風生巡酒之間客有寒色遂命撤去明皇亦曾差中使去取愛而不受帝曰此龍皮扇子也此皮中七鼓一鼓即償今值易易也肉以為鮓貨于國中且不知值又錢倍矣舶主懊恨自謂其不善賈也人有見小蜈蚣逐尺餘小蛇于池塘蛇俱沒水蜈蚣于水面布毒沫蛇不禁自浮出蜈蚣乃齧殺之并去其兩目鄉人云蜈蚣寄種于蛇目是以毒也凡蜈蚣極大則有實珠雷每擊之或云惡其善傷龍也又沈存中筆談云見一蜘蛛逐蜈蚣蜈蚣循籬竹裂隙而入蜘蛛以腹磨竹隙再三而去少頃破竹

視之則與[illegible]新儞[illegible]屬矣盖與異有泫以幾之也物之以小制大理實運之耶

龍變

岡瀨海州也環海皆崇山其民多以樵採為業昔有樵者三十餘輩駕二白艚涉海而斮薪午将及岸遥望巨物青黒如蛇垂首山脊其角觾觾也諸衆人鷩相召曰蚺蛇吞鹿矣蚺蛇長數丈大亦數圍善吞鹿惟角難進乃伏水中俟其将腐變登木自絞則角脫骨盡出矣楚詞辯證疑巳蛇食鹿出骨事似廷誕而蚺蛇巳有然者膽入藥最良本草以為產於高雷而海外尤盛彼利得鹿吾屬利得蚺耳棹歌蹋

躍而前維舟山麓以梃與刃譟而爭先比至
山半陰雲四合雷電大作雨雹石注樵者怖
散莫知所之頃之天日開霽崩崖拔木彌溢
山谷樵人血額裂趾者纍纍而集顧見二白
艚閣置樹杪攀木而升則雨雹滿載惟米壜
衣裓略無所損乃取米若釜為糜而食越數
日別艚踵至衆乃得歸此或龍運天變之期也瀕海居民每值龍
運則屋宇人畜頃刻半空無論舟揖也易曰龍戰于野鄒陽疏曰神龍驤首奮翼則浮雲
出流斯際也天地且易位人孰得而嬰之○深山大澤神物所居切不可觸犯續搜神記

云昔有三人共在山中伐木忽見石窠中有二卵大如升取煑之始湯熱便聞林中如風雨聲須臾有一蛇大十圍長四五丈徑來於湯中啣卵去三人無幾皆死

石妖

妖出崐峗山疑亦陰精也昔漳人有販舶者偕伴數十薪于山中崖間石壁可鑑漳人袒負石立俄有婦從石隙出姿態姝麗殊非蠻島所有漳人與語媚之迷惑忘返遂伉儷焉婦日獻草木實殊形異色味皆甘脆遂已饑渴乃道漳人葺茅以居繞舍蒔篝竹踰時即

長林鬱鬱無復寒暑漳人時從婦陟巘求食
每遭猛獸鬼物婦身為蔽翼習見毋怪亦毋
恐也婦又教之驗草木榮落以記時歲漳人
安之是生二子不自知其流落海嶼間也所
閱草木凡五榮落婦或他出漳人獨居忽聞
伐竹聲往視乃舶樵也中有舊侣二輩即鄉
思油然向舶人道所以請共載以歸舊侣乃
匿之舟中婦挾二雛追至沙漵侏㒧之聲如
怨如詈擲二雛於水號嗷而去漳人登舶竟

瘖不能語 夷堅續志廣州有商人與同伴泛海往諸國經紀偶中流得病力別

同伴登岸歇泊至一洲間結茅居止遂相與約云若回舟如見竹竿標記衣物可來相接若無標記即已不諱不必泊船恐阻風利也越半年舟經前地則竹竿衣物並無矣衆相望欷歔而回○昔有富商漂海舟折抱一板至岸得熊毋挽之而上登石竅甚深窈其中以草芥毛羽為巢頗温煖菓木具設商安焉與熊合而生子狀類倏後有賈舟經其下商抱子登舟有珠數顆極為珍羡熊見商去亟緣崖而下攀附不可投水死商携子歸本姓之子不容遂養于别所長分以財帛俾店于公安而姓之曰熊今其遺種猶存

嶺海續聞

猺

本五溪槃瓠之後自荆南以來皆有之隨谿峒群處而生亦獠獞類也椎髻跣足有採捕無賦役各以遠近為伍不屬于官嶺海間號曰山民又呼為白衣山子（按胎髮不薙除長大而無櫛篦不裹巾蓬垢猙獰是為猺髻）

獠

依山林而居無酋長版籍年甲姓名以射為

坐亢蟲豸能蠕動者皆食之惟有事力者曰郎火餘但稱火舊傳有飛頭鑿齒鼻飲白衫花面之屬三十二種今蕃衍有百種云

黎

海南四郡隝土蠻也隝中有黎母山諸蠻環居四旁號黎人山極高常在霧靄中久晴海氣清廓時或見翠尖浮半空云人皆椎髻跣足婦人繡面加銅環耳墜垂肩多王符為姓供賦役者為熟黎不供者為生黎又名乜音歧

人

蛋

海上水居蠻也以舟楫為家捕魚為業且生食之入水能視見水色則知龍故曰龍戶齊民目為蛋家合浦珠池蚌蛤惟蛋能沒水採取傍人以繩繫其腰繩動搖則引而上先煮毳衲極熱出水急覆之不則寒慄而死或遇大魚蛟鼉諸海怪為鬐鬣所觸往往潰腹折肢人見血一縷浮水面知蛋死矣

長人

河池州近山地牧童十餘人聚而嬉戲或歌或舞懽如也忽見山半一人約長二丈面横三尺餘皆倍之被髮鳥喙背有双肉翅俯觀群童為樂嘻然而笑聲振林樾少頃舌垂長過腹群童見而駭之良久乃去不知何物又不害群童噫乃夷方別一種人哉

盧亭 盧循遺種

盧亭人屬胎生黄睛短髮出沒海洋以魚鰕

為食惟雄者後有小尾長寸餘其牝牡則人也語侏儒不可辯蛋人諳其性得其小者育之衣以樹皮木葉長令捕魚採珠取珊瑚極便捷其性專慤與山犹等乃身腥穢不可近嘉靖間備倭黑孟陽捕海寇得一於舟中呈鮮粤省因飡火食死馬識者謂為盧亭無乃鮫人之類也乎能伏水一二月正德間香山漁者罾中曾獲一人

珊瑚

珊瑚産西南海相傳瀕海人織鐵網沉之海

中必久而後生有長寸餘者有高尺許者融結鮮紅入中國製為器飾其價翔矣或曰以鐵網取之有高至三尺者酉陽雜俎載漢積翠池中珊瑚樹高一丈二尺一本三柯有四百六十二條是南越王趙陀所獻號為烽火樹夜有光彩常似欲燃晉太康三年王愷石崇競富愷嘗以一珊瑚樹高二尺許者示崇崇便以如意碎之愷以為疾已之寶崇曰不足為恨今還卿令左右取其家珊瑚樹高三四尺者六七株如愷者甚衆集異記光武時南海獻珊瑚婦人帝命植於殿前謂之女珊瑚柯葉茂盛

瑇瑁

玳瑁形似龜黿背甲十二片黑白斑文相錯

以成其邊襴闕嚙如鋸齒無足而有四鬣前長後短其上皆有鱗甲以四鬣棹水而行海人養以鹽水飼以小鱗以俟取用海槎餘録玳瑁產于海洋深處其大者不可得小者時時有之狀如龜鼈背負十二葉有自然文藻取用時必倒懸其身用器盛滚醋潑之逐片應手而下製為器皿其價頗翔

金剛石

產深水中人不可取以肉投澗底有鳥如水梟食其肉糞中得之名金剛鑽亦寶石也貞觀中有婆羅僧言得佛齒所擊前無堅物觀者雲聚傅奕聞其事曰是非佛齒吾聞金剛石

至堅物莫能敵惟羚羊角可破汝可往試之
應手而碎觀者疑釋至今理玉石者用之

七星珠

合浦村有老嫗晨往海濱汲水獲巨蚌剖之得一大珠歸而藏之絮中夜輒飛去及曉復還嫗懼或失以火煑之至夜有光燭天鄰鶩競往赴之見光自釜出乃珠也明日聞之官珠如彈丸狀類水晶其中隱隱露北辰之象經煑色黯郡不敢貢南越志端溪俚岑班入山遇一寶珠徑五寸取還夜光明燭國俚人惧以火燒之雖小損猶照一室

龍涎香

南巫里洋之中有龍涎嶼浮灩海面波激雲騰當春明景和群龍來集於上交戲而遺涎沫夷人駕獨木舟登嶼採之歸而市之番舶其香初若脂膠黑黄色聞之頗覺魚腥然舐收斂腦麝清氣雖經數十年不變以少許和香焚之則翠烟浮空芬芳凝結不散番中每香壹兩准金錢十二枚價甚翔矣按香有三品一曰汎水輕浮水面善水者伺龍出没隨而取之入香用二曰滲沙凝積多年盖滲一

中三日魚食爲魚所食散糞於沙磧俱不堪入香其色有褐黑色者採在水也褐白色者採在山也諸香中惟龍涎最難得乃番中禁榷之物當其採時或遇風濤則人俱下海一手附舟一手把水方得據岸噫險哉

珠熟

珠出合浦海中有珠池蜑戶投水採蚌取之歲有豐耗多得謂之珠熟相傳海底有處所如城郭大蚌居其中有怪物守之不可近蚌之細碎延於外者始得而採北戶錄西南海有羅子國採珠人盛以革囊止露兩手腰絙石墜入海手取蚌并泥沙貯滿囊中臧絙舟人引出遇惡蟲

以酹噀之即去然往往有死者

紫綃

紫綃帳得於南海溪洞中酋帥蓋鮫綃之類也輕疎而薄如無所礙雖屬凝冬而風不能入盛暑則凉自至其色隱隱焉不知其帳也亦奇物哉摟神記南海之外有鮫人水居如魚不廢緝織其人能泣珠所謂紫綃或其織也

蠻鼓

俚獠鑄銅為鼓相傳有是鼓方為都老群情

椎服每有攻擊輒鳴此鼓以聚衆頗自貴重華形金質中空無底鈕垂四懸款製奇古隱隱皆科斗八卦紋周遭蹲蝦蟇十二唐信宗朝鄭絪鎮番禺高州守林靄獻之初因村兒聞鳴蛙之變得于蠻酋大塚中今南海廟尚存惟蝦蟇殘缺聞正統間海寇謀取將出門鈕斷得不去扣之猶鍧然有聲亦神物也溪蠻叢笑蠻地多古銅有銅柱馬希範江水中掘得銅鼓如大鐘長萹三十六乳重百餘觔其紋環以甲士中空無底虞衡志銅鼓古蠻人所用南邊土中徃往有掘得者相傳為馬伏

波所遺其製如坐墩而空其下滿皷皆細花紋極工緻四角有小蟾蜍兩人舁行以手搏之聲全似鞞皷瓊州志永樂中起黎兵挖引多粺溪水得一皷長三尺面圍五尺凸二寸許沿邊皆科斗各蝍綫延臍束腰夌尾擊之聲如鵝鸛聞數里○隆慶間大征九絲擵臣獲銅皷數具以獻時江陵當國欲納於太廟禮卿以為不可暫置朝房余見狀之若敦者矣若釜者矣若皷者矣質樸紋麤擊之聲若牛鳴相傳云諸葛遺製

石梅

生海中一叢數枝橫斜瘦硬形色頗似枯梅雖巧工造作所不能及根所附著如覆菌或云本質為海水所化如石蟹石燕石蝦之類

大抵皆海水融結而成久之亦化爲石矣俗呼爲海枇杷者是也

青螺

狀類田螺其大如拳揩磨去其麄皮有翡翠色琢爲酒杯又有鸚鵡螺狀如蝸牛頭淡青色身白色周遭間赤色數稜磨治出其精彩亦琢爲杯鑲以黄金頭頸足翅宛然亦可玩也

石鷰

石鷰本海中水沫融結成形歲月既深遂氣化為石蓋陰精也當霧雨瀰漫亦能行能飛許渾詩石燕拂雲晴亦雨謂此出牂牁江今海南亦有之治產難虞衡志云石蟹生海南形似真蟹乃海沫所化治癰腫醋磨碗碟中尚能蠕動又有石蝦亦其類也亦奇矣

人面子

子大如青梅核如人面兩目鼻口皆具肉甘酸宜蜜核中仁白如榛松點茶頗清

椰子

木身葉悉類椶櫚子生葉間一穗數枚皮即大腹堪入藥子殼可為器子中瓤如玉瓤中漿如飴伽藍記所謂酒樹是也子有人為六稜者製酒杯佳愈小而直愈昂矣

桄榔

木直如杉又類椶櫚有節似大竹一幹挺上無旁枝高數丈開花數十穗綠色釀木皮出麪伽藍記所謂麪木是也心可為炙近以其

木鏇為棋罐香盒諸器蔚有斑紋可愛

一 猪肥子

附木蔓生葉類土瓜花于春而秋實之狀似猪腰子差小殼堅有斑斕色去皮炙之多脂味如肉可食土人呼為猪肥子云余謂酒樹椰也麵木桄榔也并猪肥名曰肉果可乎三者皆產炎嶠亦一奇也

一 羅望子

殼長一二寸形如肥皂又類刀荳色冊内有

三四實熟之味如栗土人呼為水浪子望浪聲相近盖誤云

波羅

木高數丈不花而實如瓜瓠外膚磊砢像佛髻實中子大於龍眼可蜜熟之味與栗同相傳種從天竺來達摩弟達奚司空携植中國云

菩提

梁天監元年智藥禪師自天竺来手植菩提

一株于王園寺後六祖以菩提悟性傳衣鉢遂祝髮於此今為光孝寺云樹至今存其徑合圍虬然蒼古葉似楓而大冬夏菁葱僧取其葉漚之質輕如蟬翼好事者製為燈篝火于中晶熒洞達視之若無有焉頗得禪宗清澹之趣

紅蕉

葉類蘆箬心中抽條條端發花葉數層如菡萏曰柝一二葉色鮮紅每花瓣首有翠綠一

點尤為可愛春夏開至歲寒猶芳俗名美人蕉是也又有一種根出土處特肥如膽餅名膽餅蕉又有芭蕉大者凌冬不凋中柚幹長數尺節節有花花褪葉根有實去皮取肉軟如綠柿味甘性凉或以飼小兒名蕉子柚其絲可為布

象

月山叢談象性最靈皆来自安南過水則浮以鼻向天若植桅然其候以秋七八月至食人禾稻村民設象囮以誘之其家預掘坑以待象囮引野象陷坑中飢三四日為假人以

篙懸下乘坐初時大躍漸以草校之久則馴狎然後坎地出而騎之其牝牡相交在水傍泥淖中藉以樹葉如人道若人見則羞起逐之人須環嶺走乃得逸不爾操之成糜矣北户録雷州產黑象牙小而紅土人捕之爭食其鼻云肥脆堪為炙盖象身有十二肖肉唯鼻是其本肉梁翔法師云象一名伽那占訓云象孕五歲始生

小龍

羅池人討巡檢山居嘗出行獲一巨卵使鷄伏之乃產一蛇長不盈尺四足蒼色鱗甲究

然昂首步行若獸家人以米汁豢之數月漸大好飲生血行止隨人甚為馴擾呼為小龍因放之溪潭數年後一夕風雷暴作雲霧中有蒼龍自潭起長數百尺乘空而去

大龜

政和中路公弼奉使三韓舟行海中忽見黑山湧起波間山頂有光如兩日並出官吏大恐舟師曰此大龜出游兩目者其雙目也當作法禳之良久乃沒宋太宗時萬州獻六眸龜洪武四年暹羅國進

六足龜皆異物也

五色龜

番禺鹿步都之小坑村去海不遠而有巖巖下有石石下有水深三尺許聚亂石為池上有一石徑約五尺可坐卧下瞰池水水中有龜大小計二三十枚青黃紅白交錯於澄波遊人至投以餅餌其大者率群龜趨食之馴擾可愛或萌欲取心即瞥然不見矣北户録云粵中有金龜甲蟲也五六月生于草蔓上大如榆莢細視之如金貼龜背行則成雙其蟲死[illegible]

金色隨處如螢火然

蚺蛇

蚺蛇大如柱長稱之其膽入藥腊其皮可以鞔鼓常出逐鹿食之蠻人數輩滿頭插花趨赴蛇蛇喜花必駐視漸近競捫其首大呼紅娘子蛇益俛不動壯士以刃斷其首亟奔散遠伺之有頃蛇覺奮迅騰擲小木盡拔力竭乃斃數十人舁之以歸一村咸飫北戶錄蚺蛇大者長十餘丈圍可七八尺多在樹上羣鹿過者吸而吞之至鹿消即纏大樹上出其骨角乃不

蝮動夷人伺之以竹簽斃之取其膽也異物志蚺蛇牙長六七寸土人尤重之云辟不[illegible]利遠行一枚直牛數頭○嘉靖間電白有弁家人婦往樵于山為蚺蛇所蟠亟聚衆擊之蛇含之而去婦人尚有微氣以雄黃稍蘇竟毒發而死蓋蚺蛇性淫見婦人以裏衣輒卧其上故一人得而臨之肉白味佳能解諸風毒膽有二一真一水被逐急自裂水膽與人入藥無効以真膽著男陰即消縮不舉或以葛藤又許擊其首伏不敢動貫其鼻牽之即行制不知物之相乃如此

蚨蛇

蚨蛇產固戍海百里內深秋浮於水面漁人網得之蠅頭筋頸腹臂尾鰻口有毒涎齒利

傷人骨肉温補能療諸風或入藥或釀酒或籠而囊懸酒甕中服之説者謂功不在白花蛇下

紅蛇

雷州對岸見群小兒簇二尸蛇各長丈餘一如孔雀尾鱗色金翠奪目一真紅色鮮明着血又有十餘頭白蛇前後相次着導從然俱入一榕藤竅内竟不復出

山獺

鳥之淫者鴉
獸之淫者獺
唐之武后鴉也金之海陵獺也
獺無偶則抱木而枯何無尾生犄而没也

出蠻中溪峒俗傳為補助要藥獺性淫毒山中有此物凡牝獸皆遠遁獺無偶抱木而枯若人中藥箭磨其骨少許傳之立消其價甚翔得殺死者尤効 武后烏古海陵獸

風生獸

炎洲在南海中地産風生獸似豹青色大如貍張網取之焚之不燬毛亦不燋以石菖蒲塞其鼻即死焉取其腦和菊花服之益壽又有火林山生火光獸大如鼠毛長三四寸或

赤或白晦夜有光取其毛緝以為布所謂火浣布是也衣污以火燒之振去氛垢潔淨如新海西富浪國産食火鳥駝蹄蒼色鼓翅而行高丈餘食火

山鳳

狀如鶩鴈嘴如鳳巢深林中伏卵時雄者以木枝雜桃膠封其雌于巢獨留一竅雄飛求食以飼之子成即發封不成則窒竅殺之亦物之異者與前所記山鳳同而補其未備

孔雀

羅州山中多孔雀雄者生三年有小尾五年成大尾春生秋凋與花萼俱榮衰捕者候雨甚徃擒之尾霑雨重不能高翔且惜尾恐傷不復騫也雖馴畜頗久見美婦人衣服華麗必妬而啄之芳時美景聞管絃笙歌必舒張翅尾眄睞而舞士人欲取其尾持刀隱於叢林伺過急斷不則回首一顧金翠無復光彩虞衡志孔雀生高山喬木之上人探其雛養育之喜卧沙中以沙自浴呴呴甚適雄者尾長數尺生三年尾始成歲一脫尾春夏復生膽不可近能損目人以猪腸及生菜飼之

惟不食秫

鱷魚

鱷魚如鼉而喙長半其身鋸其齒有四足如獸行尾有三鉤極利見鹿豕即以尾戟之以食生卵甚多或為魚為鼉其為鱷不過一二大者如船占城恃之以决訟昌黎為文遣之則一夜率種類西徙六十里盖物之暴而靈者

劍鯊

海鯊有變爲虎者具見前説又有一種劍鯊
俗呼爲鋸鯊云其大者鼻衝長丈餘濶尺許
黄黑色其直似劍其旁排列戟刺㨗業如鋸
齒然力能破舟裂網横行海中群魚遠避稍
不及即磔而食之莫敢攖其衝也

緋㺄

高凉青山鎮其山多㺄有黄緋者緋者絶大
毛彩[illegible]鮮亦奇獸也又傳有青白玄黄能伏
鼠善啼其音凄入肝脾方知當一部鼓吹豈

獨矗聳然哉

長鳴雞

西京雜記成帝時交趾越裳進長鳴雞長距善鬭伺晨雞即下漏驗之晷刻無差每鳴則食頃不絕滮懷遠讚曰翠冠繽苔碧距麗陳就昏別夕望旭瞻晨

大魚

有人至補陀山望見海中數十里外有旌旗如軍行數萬騎者湧躍東下其人駭之舟師

曰此大魚耳旌旗狀者其鱗鬣也須臾稍近

山石為之震動久之獲寧西京雜記有人泛東海既而風悪舟

漂不能制隨風浪莫知所之一日夜得至一
孤洲共侶懽然下石植纜登洲晨炊炊未熟
而洲沒死者十餘人在船者亟斷其纜船復
漂蕩向者孤洲乃大魚也揚鬣吐浪而去疾
如風雲釋氏書謂海中有魚其大如山背產
大樹業風鼓撼痛苦難禁宋史載罽賓國天
神祠前有一魚骨竅中可通騎馬往來泛海
錄云洋中之物莫巨于魚其背鬣矗然山立
弥亘事晝游經海波兩拆不合者數日山菴
雜錄云有魚從海中過揚鬐露脊拔南而行
凡四日夜始盡其身乃知
莊子千里之鯤非寓言也

番車魚

海槎餘錄載昌化屬邑儋海洋中有二大魚遊戲水面决起烟波中約長數丈離而復合者數四每一跳躍聲震里許土人曰此番車魚也閩歲一至盖交感生育之意耳今中州藥肆中懸大魚骨乃其脊骨云

風貍

狀似黄猨食蜘蛛晝則拳曲如蝟遇風則飛行空中其溺及乳汁治大風疾奇効

紅蟹

儋州出紅蟹大小殼上多作十二點臙脂色其殼與虎蟹堪作疊子一名蛫(音詭)廣雅云雄曰蜋螘雌曰博帶抱朴子曰山中稱為無腸公子古今註云小蟹一名長鄉廣志云鋪(音脯)小蟹大如錢又蟹奴如榆莢在蠣腹中生死不相離山海經載千里蟹洞冥記有貢百足蟹長九尺四螯

蛤蚧

首如蟾蜍背綠色上有黃斑點若古錦文長

尺餘尾絶短其族則守宮蜥蜴蝘蜓多居古木竅間自呼其名聲頗大又有名十二時者自旦至暮變十二色亦其類也齧之傷人

[illegible]璅蛣

璅蛣一名沙螺好事者以其甘美細嫩又名西施舌云產於海類蟶而差大與蟹合體共生當潮長時腹中各出一蟹僅如榆莢螯足具全散食于沙汭飽則仍歸雖縱橫千百無一誤入他腹者蟹或不歸璅蛣則餒而槁矣

然亦有無蟹而璅蛣未嘗不生理不可詰郭景純江賦璅蛣腹蟹類説蠣殼中有小蟹名蠣奴皆可謂體物之妙矣

海粉

海中有物若水母形小而圓無頭足其色灰隨潮往來飽則脂漫至淺沙散粉從後竅溢出若蚕之吐絲勻停柔細狀類米粉初浮於水久則糾結於沙漁人拾而陰乾市為海粉云腹空復入深水化去不知所之海中又有石髮纖長

如縷縷

饞燈 饞燈

天寶遺事南海有魚多脂煉以為油點燭紡績則暗照宴樂則明佛書謂之饞燈或云懶婦所化豈其然乎又谿峝間有獸名懶婦當七八月禾熟時群来擾食土人患之度所經行處交置機杼織作之具懶婦見之胥避與此相類并附之

龍蝦

水經注晉滕修為廣州刺史其鄉人語修蝦鬚有長尺許者修不以為然其人至東海取

蝦鬚長三四尺者示修修始信厚遺之余近見蝦形甚雄赤色突目鬚甲猙然土人取其殼懸之其猶龍乎故曰龍蝦北户録潮州出紅蝦大者長二尺土人多理為杯王子年拾遺大蝦長一尺鬚可為簪洞冥記載有蝦鬚杖爾雅有鰝蝦出海中長二三丈游行則豎其鬚高于水面鬚長數尺可為簾

文魮朱鼈

南越志海中有文魮鳴似磬鳥頭魚尾而生王海中多朱鼈狀如肺四眼六足而吐珠

龜脣鰲光

唐堯之世越裳獻千歲神龜方三尺餘背上皆科斗書有五行八卦二十四氣記開闢以來帝令録之謂之龜曆于頓在南海夜忽曉如日初出移時復晦後海客言其日夜海中大金鰲浮出目光照耀如白晝與其日正同方知鰲光

蚊母扇

新州有鳥類青鵁觜大常在池塘間捕魚為食每作一聲則蚊子群出其口矣廣志云蚊

毋此鳥吐出蚊也其翅堪為扇揮之可以辟蚊

維摩經

宋呂端奉使朝鮮過海洋祝神曰田日無虞當以金書維摩經為謝比田忘之風濤大作遂取經投之聞絲竹之聲起於舟下音韻清揚非人間比經沉隱隱而去冷齋夜話王荣老嘗官觀州渡江阻風七日父老曰公舟中必有奇物此江神極靈當獻之可濟荣老以黃麈尾獻之風如故又以端石硯獻之風愈作夜臥自思有黃魯直書常應物滁州西澗詩扇持以獻之

少頃水天相映如展鏡南風徐来帆一餉而
濟觀江且然況東海為龍宮寶藏之所豈無
神以司之維摩經之取
非誣也然其事亦奇矣

梅花夢

開皇中趙師雄遷羅浮一日醉遊憩于麓之
林舍俄見一女澹妝素裳氷肌玉骨逍遥焉
于時月色熹微雪光掩映真天人也師雄訝
之與之語衹覺言詞超俗芳氣襲人無何有
一緑衣童來笑詠婆娑亦有意態久之清寒
漸播醒然起視乃在梅花樹下上有翠羽啾

嘈已而月落參横不勝惆悵

遊仙枕

開元中海國進枕一具色類瑪瑙温潤如玉其製甚樸雅若枕之則十洲三島四海五湖舉在目前恍疑身之與遊也玄宗愛之自名為遊仙枕

記事珠

燕公張説為相時有海商售珠一顆紺色有光名記事珠或有遺忘以手持弄此珠便覺

心神闓懌事無鉅細豁然通明燕公寶之惠州泰馬山每歲當大比夜有驪珠如斗瑩然光彩謂之驪光視其多寡占舉子之名數又有賈胡自異域負其國之鎮珠逃至五羊國人載金寶贖之以歸比至中途珠復走還徑入石下不出至今此石往往有光夜發捉即走珠之祥

龍角釵

大曆中林邑獻龍角釵二枚類玉而紺色上刻蛟龍之形巧麗精奇非人工所製上以賜獨孤妃一日與妃同遊龍舟池有紫雲自釵上生俄滿舟楫上亟命置之掌中竟化二龍

而去

樹兒

大食國中有一方石石上有樹幹赤葉青枝生小兒長六七寸見人皆笑動其手脚若著樹枝其使摘取一枝兒即槁死

人異

昔有波斯入粵相古墓有寶氣乃謁墓鄰以錢十千市之比發而棺衾肌肉俱銷惟心堅類石鋸開見山水青碧秀麗如畫傍有一女

豔妝凭欄疑睥垂睇蓋此女生時有愛山之癖朝夕吐吞清氣故能融結如此亦異矣哉

土怪

夷堅志鄭安恭為肇慶守有直吏卒每夜見城上亭中火光往視之乃十餘人聚賭卒戲伸手乞錢諸人爭與明日辨之真銅錢也夜復如是所積甚多會庫失錢并銀或疑卒近多妄費試擒之具道所以鄭意必土偶為祟乃押卒使人徧索至一廟中有土偶狀貌類

所見者碎之腹中或銀或錢合此卒用過之數相符盡毁其怪遂息雷州府誌舊判治前立石人十二執牙旗兩傍忽一夜守宿軍聞人争博聲趋視乃石人也次早聞于官郡守閲視庫藏封鑰宛然而所失錢與所得錢數無差命分散石人其怪遂止二事相類并附之